だん

# 認知症サポーターの軌跡



川端 徹
KAWABATA TORU

幻冬舎MC

# はじめに

「その輪っかつけてると、認知症になりにくいんけ⁉」

癌末期の初老男性の家に訪問診療した際に言われた言葉です。輪っかとは、90分の無料の養成講座を受講するともらえる認知症サポーターの証しとなるシリコン製のオレンジリングのことです。認知症サポート医である私の手首のリングを見て彼はそのように聞いてきました。以前から彼の家にも息子さんが受講し持ち帰ったリングがあり気になっていたようです。

認知症サポーターとは、認知症に関する正しい知識と理解をもち、地域や職域で認知症の人や家族に対してできる範囲で手助けをする応援者で、２００５年に認知症サポーター制度がスタートしてから10年ほどは認知度も低く増員できない時代がしばらく続きましたが、その後は養成が進み現在、総人口の12・４%、全国で１５３４万８４９６人（２０２４年3月31日時点）に達しています。

少子高齢化の進む日本において、生産年齢人口の減少や社会保障費の増大などが問題視されていますが、それに加えて深刻なのが認知症患者の爆発的な増加です。厚生労働省は2017年の新オレンジプラン（認知症施策推進総合戦略）において2025年には認知症患者が700万人となり65歳以上の5人に1人が認知症になると推計していました。認知症サポーターが多い地域ほど認知症の人や家族が住み慣れた街で一緒に生活しやすくなるといわれています。

私は大阪府泉大津市で脳神経内科クリニックを運営しています。2011年より認知症サポート医として活動しており、この認知症サポーターを、あっ！と驚く方法で広めてきました。その名も、「だんじり認知症サポーター」。泉大津市の伝統であるだんじり祭で培われた地域コミュニティを活用し、認知症サポーターを増やす取り組みをしています。

祭本番、オレンジリングを着けた大勢の法被《はっぴ》姿の曳《ひ》き手がだんじりを勇壮に動かす様は、多くの市民に啓発の志と感動を伝えます。2014年泉大津から泉州を中心に大阪府下に広がり現在約2550人。実は冒頭の息子さんも地元の青年団としてだんじりに参加し養成講座を受けていたのです。

今日、希薄化し、コロナ禍によりさらに寸断された日本本来の町家社会の人と人の組織の絆が、だんじり祭を通して脈々と残っています。だんじり文化は世代を超えて人々の結束を強め、地域のコミュニティの中心となっています。一年を通じて寄り合いなどで集まる組織は、災害時や地域包括ケアシステムの一役を担います。「だんじり認知症サポーター」とは、祭のそうした側面に認知症啓発や支援の機会を組み込んでいます。

スポーツ関係・ボランティア・趣味関係のグループ等への社会参加の割合が高い地域ほど、転倒や認知症やうつのリスクが低い傾向がみられています。オレンジリングは社会とつながる最初のツールとなり、自身が認知症を発症した際は周囲の人への気づきとなります。

冒頭の彼の発した言葉、オレンジリングの認知症予防の効力⁉　まんざらでもないと思っています。

この書籍の執筆を進めていた2024年5月8日、厚労省は65歳以上の高齢者がピークを迎える2040年に認知症患者が584万人、認知症予備軍とされる軽度認知障害（MCI）患者が613万人に上るとの推計結果を公表しました。当初の推計値から200万人程度減少に転じ、65歳以上の7人に1人が認知症となる見込みです。

国民の生活習慣病予防や治療の普及、日常的な運動など健康増進への意識の向上と、多くの人々の様々な社会的イベントへの参加が功を奏した結果であると考えています。ただ、認知症予備軍のＭＣＩが認知症患者と同等数以上と推計されており、発症・進行予防や治療体制の強化は引き続き求められ、認知症の人とのバリアフリーの街の実現、すなわち「共生社会」をさらに確固たるステージに上げていかねばなりません。

「だんじり祭」と「認知症対策」。一見全く関係のないこの二つの言葉をつなげてみると、これは地域社会での新たなイノベーションとなり、地域創生の大きな原動力となっています。

だんじり認知症サポーターの輪とこれに関する様々な活動の10年の軌跡をたどり、これからの地域包括ケアのあり方を一緒に考えてみましょう。

だんじり認知症サポーターの軌跡　目次

［第2章］

患者が安心して暮らせる〝認知症バリアフリーの街〟へ
患者と家族を見守る「認知症サポーター」の輪を広げることが不可欠

［第3章］　地域に根ざしたイベントを活用するという発想

〝だんじり祭〟のコミュニティを活かした認知症サポーターの増員

［第１章］

# 迫りくる２０２５年……
# 高齢者の５人に１人は認知症⁉
# 増え続ける認知症高齢者の社会問題

## ゴミ屋敷からの認知症患者救出作戦

「川端先生、往診をお願いします」

その家は住宅街の一角にある平屋建ての一軒家でした。外壁などはそう汚れているようには見えませんでしたが、狭い庭は雑草が丈高く生い茂り、もう何年も手入れをしていないことは明らかでした。2016年の初夏のある日、大阪府泉大津市の認知症初期集中支援チームから応援要請が入りました。いわゆる〝ゴミ屋敷〟で一人暮らしをしている高齢男性に認知症の疑いがあるので、認知症サポート医でもある私が直接面談して、男性が認知症を発症しているかどうか、また介護が必要かどうか判定してほしい、というのです。男性が要介護の状態にあると判定されれば、訪問介護などの行政サービスにつなげることができ、男性を合法的に救い出すことができます。私はチームメンバー2人と時間をすり合わせて、ただちに男性宅に向かいました。苦情を受け付けた泉大津市の職員が地域包括支援センターの社会福祉士とこの家を訪問して初めて、この家がゴミ屋敷化していることと、そこに高齢男性が独居していることが分かったのでした。

私たち認知症初期集中支援チーム3人は覚悟を決めて玄関に近づきました。事前に聞いていたとおり、ドアは施錠されていません。私が先頭に立ってドアを開けると、悪臭がむあっとこちらに押し寄せてきました。私は瞬間的に息を止めましたが、それ以上に私を驚かせたのが目の前に立ち塞がるゴミの壁です。古新聞古雑誌の束、壁に立てかけられた何だか分からない多数の板、黒いゴミ袋や透明なゴミ袋に入ったカップ麺やコンビニ弁当の残骸、破れた布団や衣類、巻かれたカーペット状のもの、さらには何かの電気製品の残骸などなど、ありとあらゆるゴミが天井近くまで積まれていて、そのゴミの壁が目の前50センチのところに迫っています。

「いったいどうやって中に入ればいいんだろう？」

私の頭にまず浮かんだのはそんな疑問でした。一見したところ、ゴミの壁に行く手を阻まれて玄関より先に進めないように見えたからです。しかし改めてよく見ると、ゴミの壁には30センチほどの隙間があり、カニのように横歩きすれば隙間を通り抜けられそうだと分かりました。

ゴミの壁にできるだけ触らないように横向きで進んでいくと、やがて小さなリビングのような部屋が見えてきました。その部屋も四方をゴミの山に囲まれていますが、中央付近に畳1畳分ほどの空間があり、そこに高齢男性がなかばゴミの山に寄りかかるようにして横たわっています。年齢は70～75歳くらい。部屋はゴミに囲まれていて薄暗いのですが、それでも男性のうつろで生気のない目つきを確認できました。

男性は少なくとも数日間ここで動けない状態になっていて、トイレにも行けず、その場で用を足していることが分かりました。この劣悪な環境から一刻も早く運び出さなければ、この男性はさらに深刻な健康被害に見舞われるおそれがあります。私は手短に認知機能検査を実施したうえで、この男性を要介護3相当と判断し、同行したチームの保健師にあとを頼み、主治医意見書作成のため先にその場を離れました。

結論から言えば、男性は中等度の認知症でした。家がゴミ屋敷化するまで1年程度かかったようですが、最初は単なるゴミの出し忘れから始まった可能性が高いと思います。つまり、認知症のごく初期の段階です。この段階で物忘れ外来などを受診していれば、症状がここまで進むことはなかったはずです。しかし、男性には身近な家族、親族がおらず、近所づきあいもほとんどしていなかったため、病状が一気に悪化して認知症の症状のひとつであるセルフネグレクト（自己放任）になり、ゴミ屋敷化が進行、最後にはゴミに囲まれて室外にも出られなくなり、足の筋力低下で動けなくなったのだと推察されます。

私はこのほかにも数回こういったケースを経験しており、この男性の例は決してレアケースではないのです。

## 超高齢社会の2025年問題とは何か

「2025年問題」という言葉がちまたをにぎわせるようになりました。

少子高齢化が急速に進んでいるわが国では、2010年を境に総人口は減少に転じており、国民全体に占める高齢者の割合は年々増え続けています。2023年の高齢化率（総人口に占める65歳以上の割合）は29・1％でした。そして2025年には、〝団塊の世代〟といわれる1947～49年に生まれた人々約800万人が全員75歳以上になるため、わが国の高齢化率は一気に跳ね上がります。

また、国の試算によれば、2025年には「高齢者の5人に1人は認知症患者になる」ともいわれています。このデータの根拠となっているのが、内閣府が公表した「平成29年

［図１］ 65歳以上の認知症患者の推定者と推定有病率

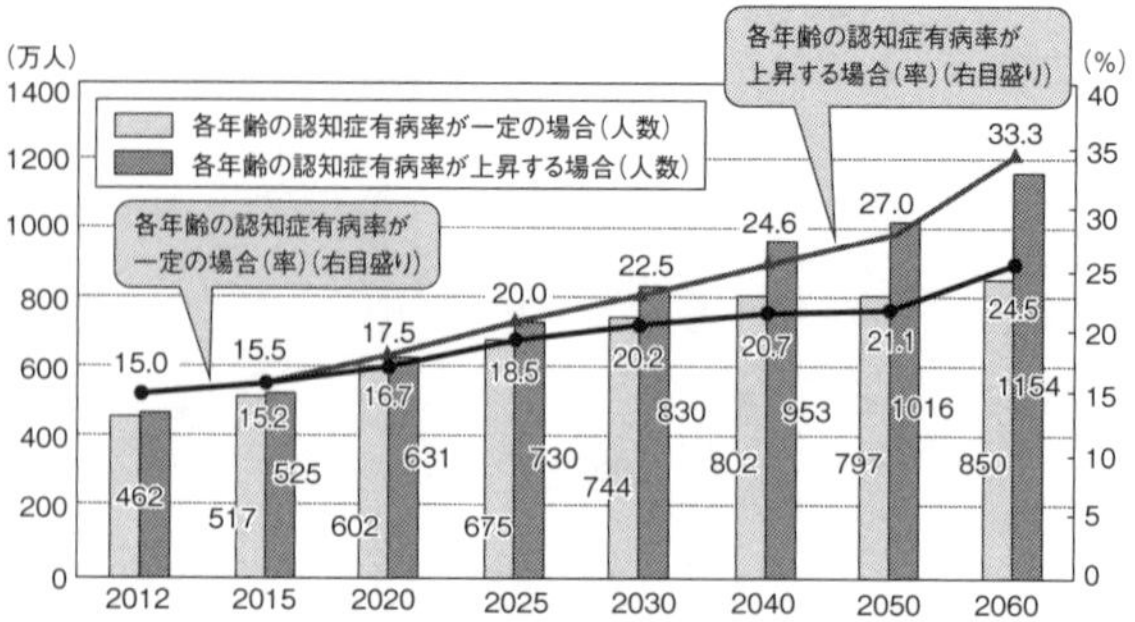


長期の縦断的な認知症の有病率調査を行っている福岡県久山町研究データに基づいた。
・各年齢層の認知症有病者が、2012年以降一定と仮定した場合
・各年齢層の認知症有病者が、2012年以降も糖尿病有病率の増加により上昇すると仮定した場合
※久山町研究からモデルを作成すると、年齢、性別、生活習慣（糖尿病）の有病率が認知症の有病率が20%増加すると仮定した。

出典：内閣府「平成29年（2017年）版高齢社会白書」

（２０１７年）版高齢社会白書」に掲載された「65歳以上の認知症患者の推定者と推定有病率」というグラフです。

　このグラフによれば、高齢者の認知症有病率（認知症を発症する人の割合）が２０２５年に20％まで上昇すると仮定した場合、認知症高齢者は７３０万人となり、高齢者人口約３６７７万人の５分の１になると推計されました。「高齢化社会」と形容されるようになって久しい日本ですが、「２０２５年」はいよいよ、高齢化の弊害が明らかになる年といえそうです。そんな２０２５年が半年後に迫っているのです。

「高齢者の5人に1人が認知症」というのはショッキングな数字だと思います。「国民の4人に1人は後期高齢者」はすでに確定していますから、単純計算すれば、国民の少なくとも20人に1人は認知症患者になってしまうわけです。率直にいって、これはきわめて由々しき事態です。

認知症患者が地域で増え続けることが現実的である以上、認知症の人との「共生社会」を実現するためには、私たちはどのように考え、歩んでいかないといけないでしょうか？それを知るためには、まず認知症という病気について理解しなければなりません。

## 認知症とはどのような病気なのか

私は認知症患者の早期発見と地域の医療や介護につなげる「認知症サポート医」を務めています。2008年に大阪府泉大津市で認知症を含む、脳神経内科としてクリニックを開業しており、これまで数々の認知症患者の治療とサポートを行ってきました。たくさんの患者やその家族と接するなかで私が感じたことは、認知症について単なる〝老人ボケ〟（老化現象による物忘れ）と考えている人がいまだに一定数いるということです。

認知症は、加齢からくる脳の衰え、などではありません。脳細胞の破壊・死滅など複数の要因によって認知機能が著しく低下してしまう、「脳の病気」の総称です。記憶力や判断力などが衰えると、正常な社会生活を送ることも困難になります。なお、65歳未満で認知症を発症した場合は「若年性認知症」と診断されます。

ただし、厳密にいえば、認知症という疾病はありません。認知症はあくまでも「脳の認知機能が衰えた状態」を指す言葉であり、その原因となる疾病には大きく分けて5つの種類があります。

## ●アルツハイマー型認知症

認知症の中で最も多く見られるのがアルツハイマー型認知症で、認知症全体の約3分の2を占めています。この病気の原因となるのが、アミロイドβ、リン酸化タウタンパクという2種類のタンパク質です。

これらは本来、必要量以外は脳から血流や脳脊髄液で排出されるのですが、排出されずにゴミとして残ったものが10～20年かけて脳神経細胞に少しずつ蓄積されていき、それが周囲の脳神経細胞を少しずつ死滅させます。死滅が進むと、脳全体が少しずつ萎縮していき、神経細胞間で正常な情報伝達ができなくなり、比較的早い段階から物忘れなどの記憶障害が始まり、見当識障害のほか不安、うつ状態、妄想が出やすくなります。さらに糖尿病、高血圧等の生活習慣病との関連性や睡眠障害が発症進展に悪影響を起こすことが近年分かってきました。運動習慣や社会的な活動も発症や進行のスピードを遅らせる可能性があります。

●脳血管性認知症

認知症全体の20％くらい（別の資料では15％くらい）を占めるのが脳血管性認知症です。脳梗塞、脳出血、脳動脈硬化など脳血管障害によって脳の一部の神経細胞に酸素や栄養が行き渡らなくなり、その部分の神経細胞が死んだり神経ネットワークが阻害されたりすることで発症します。脳細胞のどの部分が死ぬかによって症状は異なりますが、認知機能の低下だけでなく、手足が麻痺するなど身体の症状を伴うことが多く、何かしようという意欲が低下したり、複雑な作業ができなくなったりします。高血圧、糖尿病や脂質異常など生活習慣病との関連性や喫煙が発症リスクが高くなります。アルツハイマー型認知症と合併される場合もあります。

## ●レビー小体型認知症

認知症全体の4～5％（別の資料では20％）を占めるのがレビー小体型認知症です。脳内に存在するαシヌクレインというタンパク質が変異して「レビー小体」というかたまりができ、それが脳幹（中脳の黒質といわれる領域）に発生するとパーキンソン病に、さらに大脳皮質にまで及ぶとレビー小体型認知症になるといわれています。アルツハイマー型認知症が記憶障害を中心に症状が起こるのに対して、レビー小体型認知症は「ネズミが走り回っている」など実際にないものが見える幻視や妄想、身体の筋肉のこわばりなどのパーキンソン症状が出るのが特徴です。

アルツハイマー型認知症、レビー小体型認知症、脳血管性認知症の3つを合わせて「三大認知症」といわれることもあります。

## ●前頭側頭型認知症

認知症全体の１％くらいを占め、主として初老期に発症するのが前頭側頭型認知症です。脳内タンパク質の変化によって脳の前頭葉、側頭葉が萎縮し、血流が低下することによって発症します。脳内タンパク質が異常たんぱく質（タウ蛋白、ＴＤＰ‐43の蓄積など）にどう変化するのか、まだ詳しくは分かっておらず、ほかの認知症と異なり、指定難病に認定されています。症状の初期には物忘れはあまり目立たず、常同行動（毎日決まった時間に同じ行動をくり返す）、人格の変化、非常識で反社会的な行動、言語障害などが見られるため、ほかの精神疾患と間違われることもあります。発症してから平均６〜８年で寝たきりの状態になるといわれています。

## ●その他

クロイツフェルト・ヤコブ病、ＡＩＤＳなどの感染症、アルコール依存症なども認知症の原因となる病気です。なかには治療で改善する認知症もあります。例えば特発性正常圧水頭症、慢性硬膜下血腫は手術で治りますし、甲状腺機能低下症やビタミン$B_1$欠乏症はホルモン剤やビタミン補充治療で改善します。

## 認知症の中核症状と行動・心理症状

「認知症」には、脳細胞が破壊されたことによって起こる「中核症状」と、「中核症状＋その人の性質や生活環境」によって引き起こされる「行動・心理症状」があります。

認知症の中核症状には記憶障害、見当識障害、理解・判断力の障害、実行機能障害などがあります。こうした症状は脳神経細胞の死滅によって引き起こされるため、基本的に治療することができません。

一方、これらの中核症状によって二次的に引き起こされるのが行動・心理症状です。かつては「周辺症状（ＢＰＳＤ：Behavioral and psychological symptoms of dementia）」ともいわれました。具体的には不安・焦燥、うつ状態、幻覚・妄想、一人歩き、興奮・暴力、不潔行為などが行動・心理症状になります。

今日、認知症患者を巡るさまざまなトラブルが報告されていますが、トラブルを引き起こすのは、実は認知症の中核症状ではなく、本人の個性や生活環境に由来する行動・心理症状のほうだといわれています。

## 認知症の人の行動・心理症状① 行方不明・一人歩き

一人歩き（徘徊）は認知症患者に必ず起こる症状ではありません。なお近頃では「徘徊」という言葉は使わない動きが広まっています。本書では「一人歩き」とします。認知症の中核症状である「見当識障害」、つまり「自分が今、ここにいる」と感じるときの、「今」という時間、「ここ」という場所がまったく分からなくなる状態がもたらす行動・心理症状です。また、同じく中核症状である「記憶障害」によって、実際には80歳であるのに、自分を「20歳の頃の自分」と勘違いして、その当時住んでいた場所や思い入れの強い場所に歩いていこうとするケースもあります。

歩いていくうちに家族が捜せない場所に行ってしまい、行方不明になってしまうことも少なくありません。警察庁が発表した「令和4年における行方不明者の状況」という資料を見ると、令和4（2022）年に警察に届け出のあった行方不明者数は8万4910人で、前年比で5692人の増加です。そのうち、行方不明の原因が「認知症」だと届け出られた人数は1万8709人とされています。つまり、少なくとも年間1万8000人が「徘徊」で行方不明となっているわけです。

桜美林大学の調査（2016年）によれば、認知症による一人歩きが原因と考えられる行方不明者のうち、行方不明届を出した当日に見つかった人は8割を超えますが、逆に5日以上経つと生存者はいなかったといいます。行方不明の時間が9時間を過ぎると、発見率が大幅に減少するということも明らかになっており、早期発見がいかに重要であるかが分かります。

警察に保護された場合でも、認知症のために自分の名前や住所などを伝えることができず、身元不明扱いになってしまうことも少なくありません。そういった人たちは「緊急一時保護」として自治体によって介護施設に暫定入所させられることになりますが、施設で仮名のまま過ごし、一生家族と会えずに最期を迎える人さえいるのです。

また、一人歩きの最中に認知症患者が事故や事件に巻き込まれるケースもあります。判断力の低下した状態での一人歩きには危険が伴い、立ち入り禁止区域に本人の気づかないうちに入り込んでしまうことがあるのです。中でも有名なのが、2007年12月にJR東海道線の線路内に91歳男性の認知症患者が立ち入り、列車にはねられて死亡してしまった事故です。この事故では、ＪＲ東海が死亡した認知症患者の遺族に対して損害賠償請求の訴訟を起こしたことが大きな問題となりました。

この裁判では、はじめＪＲ東海側の主張が認められ、遺族に720万円の支払いを命じられたものの、最高裁でＪＲ東海側の損害賠償請求を棄却するという遺族側の逆転勝訴で決着がつきました。

こうした認知症の人の鉄道事故はたびたび発生しています。2023年10月には、神戸市内を走る神戸電鉄の線路内で79歳の高齢男性が電車にはねられ死亡、2023年12月には大阪府岬町で、86歳の高齢男性が南海電鉄の電車にはねられ死亡、いずれの男性にも認知症の症状がありました。今後、認知症の人が私たちの社会で増え続ければ、こうした事故が発生するリスクは当然高くなっていきます。

## 認知症の人の行動・心理症状② 自動車運転による交通事故

2012年11月宮崎県で、下校途中の小学2年生の男児3人が自動車にはねられるひき逃げ事件が発生しました。のちに、運転していた75歳の男性が認知症だったと判明しました。それでも男性は逮捕・起訴され、刑事裁判では自動車運転過失傷害罪と道路交通法違反により懲役1年2カ月の実刑判決が下され、民事裁判では3億6000万円の損害賠償が請求されました。

警察庁の統計によれば、2019年時点で75歳以上の自動車運転免許保有者は583万人で、認知症有病率を15%で計算すると、認知症の運転免許保有者は87万人以上存在していることになります。

国は高齢ドライバーによる交通事故の増加を受けてたびたび道路交通法を改正しており、2009年から75歳以上の運転免許更新者に「認知機能検査」を義務づけ、2022年からは過去3年以内に一定の違反を犯した75歳以上の運転免許更新者に「運転技能検査」を義務づけるようになりました。運転技能検査の合格率は90%前後で、10%前後の人は免許を失効します。

今後ますます認知症患者が急増していくことを考えれば、運転免許制度の抜本的な見直しが必要になると考えられます。

## 認知症の人の行動・心理症状③ セルフネグレクトによるゴミ屋敷化

近年、全国各地でゴミ屋敷問題が発生していますが、その多くの場合は一人暮らしの認知症患者が関係しているといわれています。比較的よくあるのが、認知症によりゴミ出しのルールを守れなくなったことからゴミ屋敷化するケースです。

例えば、ある町内では毎週月曜日に燃えるゴミ、火曜日に燃えないゴミを出すと決められていたとします。しかし認知症になった人は、見当識障害により今日が何曜日なのか分からなくなります。そのため、月曜日に間違って燃えないゴミを出してしまったりしますが、それを近所の人に見とがめられて叱責されると、怖くてゴミが出せなくなります。そうやって、いちおうゴミをゴミ袋には入れるものの、町内のゴミ集積所に出すことができないため、次第に家の中にゴミ袋がたまっていきます。そのうち、外出するのもおっくうになって自宅に引きこもるようになりますが、そうやって社会的に孤立することで、認知症の症状が急激に悪化します。最終的には「もうどうでもいい」というセルフネグレクトの状態になり、自宅がゴミ屋敷化していくのです。

環境省が2023年3月に発表した数字によると、2018年度以降の5年間にゴミ屋敷と確認されたのは、1741市区町村で5224件です。そのうちゴミ屋敷を「認知した」と回答した自治体は661市区町村で、全体の4割弱しか認知されていませんでした。

今後、全国では認知症の人が確実に増え続けていきますが、どこからも支援の手が届かないまま放置されると、その住居はたちまちゴミ屋敷化していくことが予想されます。一度ゴミ屋敷化してしまうと、認知症患者本人の衛生環境が著しく悪化するだけでなく、ゴミの撤去などに多大な時間とコストがかかります。住まいをゴミ屋敷化させないためにも、私たちの社会は常に認知症の人を見守っていかなければなりません。

## 認知症の人の行動・心理症状④ 家族の負担と虐待

少子高齢化が急速に進行しているわが国では、2000年から介護保険制度がスタートし、高齢者の介護を社会全体で担う体制が取られるようになりました。とはいえ、制度が作られただけで高齢者の家族に対する負担がなくなるわけではありません。特に認知症の高齢者に関しては、いまだに家族だけで介護しているケースが少なくないのです。

ここで問題になるのが、認知症高齢者を介護する家族にかかる、重すぎる負担とストレスです。認知症を発症するとどうしてもコミュニケーションに齟齬《そご》が生じる場面が多くなり、介護者が戸惑う場面が増えてきます。認知症の行動・心理症状としての一人歩きに対応するために、介護者は患者を常に気にかけなければならず、そうした負荷もストレスとなっていきます。

そのようなストレスから体調を崩してしまう介護者もいれば、精神的に病んでしまう介護者も少なくありません。また、精神的に追い詰められた介護者の中には、介護すべき認知症の高齢者に対して虐待するケースも増えてきており、大きな社会問題となっています。

例えば、2018年に発生した高齢者虐待事案を見ると、虐待を行った人は「高齢者の息子」が30・9%と最も多く、次いで「高齢者の夫」が21・6%でした。また、虐待の内容で最も多かったのが「身体的虐待」67・8%で、「心理的虐待」39・5%、「介護の放棄・放任（ネグレクト）」19・9%、「経済的虐待」17・6%、「性的虐待」0・4%が続きます。虐待の程度によっては、保護責任者遺棄、傷害、殺人などの刑事事件にまで発展するケースもありました。

認知症は誰にでも起こる可能性のある病気です。認知症の「予防」と同時に「共生社会」の実現を目指し、地域社会は啓発活動や施策を進めていかねばなりません。患者や家族が孤立して悲惨な状況に陥らないためには、社会全体が認知症についての理解を深め、見守り、サポートしていくことが欠かせないのです。

## 認知症の人とその家族を社会全体で見守る重要性

「認知症」という病名が一般名詞化して20年ほどになりますが、私たちの社会で認知症に対する理解が進んでいるかというと、必ずしもそうではありません。「認知症＝老人ボケ」と思っている人が一定数存在しますし、「認知症＝何をするか分からないから怖い」と思っている人も少なからずいます。

しかし、それらはすべて誤解であり偏見です。そうした誤解や偏見が根強くあるからこそ、認知症の人は私たちの社会と打ち解けることができず、症状をますます悪化させています。認知症の人の家族も、社会に表だってSOSを発信できず、ストレスを抱え込んでしまっています。

そこで、私たちがまずしなければならないのは、認知症について正しく理解することです。そしてその次に大切なのは、認知症の人とその家族を温かく見守ることなのです。

認知症の人がトラブルを起こすのは、病気本来の中核症状からではなく、その人の個性や生活環境に由来する行動・心理症状によるものです。中核症状を完治させることはできませんが、行動・心理症状は周りの人の努力次第で発症させないことも可能なのです。つまり、社会全体で認知症の人とその家族を見守り、症状の変化にいちはやく気づくことで、早期診断・早期対応につながり、そう困ったことにならず今までどおりの生活を続けられるのです。

何より重要なのは、住んでいる街ぐるみで認知症の人とその家族を見守り、応援することなのです。これが私のライフワークともいえる大きな課題です。

## 認知症の人の声を聴き、認知症の人の気持ちを理解する

51歳で若年性アルツハイマー型認知症を発症した佐藤雅彦氏は、自身の著書『認知症になった私が伝えたいこと』（大月書店）で、認知症になって自身が体験したさまざまなことを当事者の気持ちとして伝えています。認知症を理解し、バリアフリー共生社会を築くうえで重要なことを世の中に投げかけた一冊です。


「認知症は、世間で言われているような怖い病気でしょうか。

私は、自分が認知症になり、できないことは増えましたが、できることもたくさんあることに気がつきました。

認知症の診断を受けて九年になりますが、いまも一人暮らしを続けています。

認知症であっても、いろいろな能力が残されているのです。

社会にある認知症に対する偏った情報、誤った見方は、
認知症と診断された人自身にも、それを信じさせてしまいます。

この二重の偏見は、認知症と生きようとする当事者の力を奪い、生きる希望を覆い隠すものです。

私は、このような誤解、偏見を、なくしていきたいと考えています。」


佐藤雅彦氏が２０１４年にこの著書を世に出し、自身も認知症に関するフォーラムやメディアで地域社会に訴えたことがきっかけで、その後多くの認知症当事者の方、丹野智文氏などが佐藤氏に続き啓発されています。また「日本認知症ワーキンググループ」を発足し、国会にも訴え続けたことで、２０２４年1月から、認知症当事者を中心に、共生社会の街づくりを進めていくように認知症基本法が施行されました。

こうした認知症当事者の尽力により、10年前と比べて現在は、認知症に対する社会の理解が、望ましい方向へ変化してきた印象を受けています。

［第2章］

# 患者が安心して暮らせる〝認知症バリアフリーの街〟へ
# 患者と家族を見守る「認知症サポーター」の輪を広げることが不可欠

## なぜ「認知症」という呼び名に変更されたのか

現在の医院を開業する前、私は国立療養所や民間病院で神経内科医として勤務していました。その当時から、現在「認知症」と呼ばれている患者を診てきましたが、当時は「認知症」ではなく「老人性痴呆症」、または単に「痴呆」と呼ばれていました。「認知症」へと呼び名が変わったのは2004年12月でした。厚生労働省による「『痴呆』に替わる用語に関する検討会報告書」には、今後「痴呆性高齢者」を社会全体で支えていく体制づくりが急務になるが、侮蔑感のある「痴呆」という呼称では高齢者本人の尊厳を保持できないし、この問題に対して、家族も国民も前向きに対処しづらい。そこで「痴呆」ではなく「認知症」と言い換えることとし、広く国民に向けて広報していくことにした、と書かれています。痴呆から認知症への言い換えは、「国はこれから認知症対策に本気で取り組んでいく」という決意表明でもありました。

## 認知症を知り地域をつくる10ヵ年構想

痴呆から認知症への用語変更があった翌2005年4月、厚生労働省は新たな認知症対策を打ち出します。それが「認知症を知り地域をつくる10ヵ年」の構想です。

この構想では、1年目、5年目、10年目の到達目標が設定されました。

2005年度に設定された1年目の目標は、多くの住民が認知症の特徴や認知症になったときの対応、認知症になっても自分らしく暮らせること、認知症の人の暮らしを地域で支える重要性について知るようになることです。

続いて2009年度に設定された5年目の目標は、認知症について学んだ住民＝認知症サポーターが100万人程度に達し、認知症になっても安心して暮らせるモデル都市がいくつかできていることです。

10年目の目標は認知症サポーターが地域に数多く存在し、すべての街が認知症になっても安心して暮らせる地域になっていることとして2014年度に設定されました。

この構想で押さえておきたいポイントは、認知症について正しく学習し、理解している住民を「認知症サポーター」と位置づけ、「認知症サポーターを増やすことが認知症になっても暮らしやすい街づくりにつながる」と明確に規定したことです。

「認知症サポーター」という名称と概念はこのときに生まれ、これ以降、国の認知症対策の重要な一部を占めるキーワードになっていきます。

本書のメインテーマである「認知症サポーターを養成しよう」という取り組みはここから始まりました。

## 認知症サポーターとは？

「2009年までに認知症サポーター100万人を養成する」。そんな壮大な目標を掲げ、厚生労働省のバックアップのもとで2005年にスタートしたキャンペーンが「認知症サポーターキャラバン」です。運営しているのは「全国キャラバン・メイト連絡協議会」という組織です。

全国キャラバン・メイト連絡協議会は、認知症サポーターを直接養成しません。連絡協議会が養成するのは、「認知症サポーター養成講座」の講師をボランティアで務める

「キャラバン・メイト」と呼ばれる人々です。つまり、全国キャラバン・メイト連絡協議会がキャラバン・メイトを養成し、キャラバン・メイトが認知症サポーターを養成するという2段構えの構成になっています。

認知症サポーターは、何か特別なことをする人ではありません。認知症について正しく理解し、偏見を持たず、認知症の人や家族を温かい目で見守ることのできる「応援者」です。いつ自分や家族が、あるいは友人や知り合いが認知症になるか分かりません。だからこそ、認知症に対して他人事のように無関心でいるのではなく、「自分の問題である」という認識を持つことが大切です。

そのうえで、自分のできる範囲でサポーターとして活動しています。例えば、街中で認知症かもしれない人が困っていたら、さりげなく手助けすることも立派な活動の一つです。

なお、認知症サポーターの養成に力を入れている厚生労働省によれば、認知症サポーターには次の5つの役割が期待されています。

## 1．認知症に対して正しく理解し、偏見をもたない

認知症という用語が使われるようになって今年で20年になりますが、認知症に対する社会の偏見が完全になくなったわけではありません。例えば、認知症と聞いて「何もかも分からなくなってしまった人」と認識してしまう人がいまだに少なからず存在します。しかし、たとえどんなに認知症が進行してしまった人でも、「目の前のことがすべて分からなくなっている」わけではありません。「認知症だからどうせ分からないだろう」などと決めつけるようなことはせず、症状に関する正しい知識をもって、一人ひとりに必要なサポートをすることが求められます。

## 2．認知症の人や家族に対して温かい目で見守る

認知症の人は周囲の態度やそぶりから「今、自分はこの人から軽んじられている」と敏感に察知します。外出先で、そんなイヤな思いを何度か経験すると、世間の目をストレスに感じて外出できなくなります。認知症の家族の人もまた同じです。認知症の家族を連れて外出するとき、珍しいものでも見るかのように無遠慮な目でじろじろ見られたりする

と、一緒に外出するのがイヤになります。そこで認知症サポーターに求められるのは、認知症やその家族を特別扱いせず見守ることです。さらに街で認知症の人や、認知症の人を連れた家族が困っているところを見かけたら、「何かお手伝いできることはありますか？」と一声かけることも役割の一つです。

## 3．近隣の認知症の人や家族に対して、自分なりにできる簡単なことから実践する

例えば、直接声をかけてサポートすることが難しければ地域の認知症支援サービスやリソースについての情報を集め、それを必要としている家族や患者に提供することができます。また、認知症についての基本的な知識を学び、周囲に正しい情報を広めることも重要です。

## 4．地域でできることを探し、相互扶助・協力・連携、ネットワークをつくる

自分の暮らす地域で自分にできることを行動にうつすことも大切ですが、時には専門家に任せたほうが良い場合もあります。普段から地元の地域包括支援センターの場所と電話

番号を把握しておいて、問題やトラブルを抱えている高齢者がいたら、管轄の地域包括支援センターや自治体の高齢者支援窓口に連絡するなどの役割もあります。

## 5．街づくりを担う地域のリーダーとして活躍する

認知症サポーターは講座を受けていない一般の人に比べて、認知症のことをよく理解しています。街で認知症と思われる人を見かけたとき、積極的に声をかけるなど、認知症の人に対するお手本となる接し方をすることが求められます。

## 「認知症サポーター養成講座」とは

認知症サポーターになるのは、実はとても簡単です。「認知症サポーター養成講座」を受講すれば、誰でも認知症サポーターになることができます。

認知症サポーター養成講座は、全国キャラバン・メイト連絡協議会の協力のもと、全国の自治体、職域団体、学校が主催して開催されています。講師を務めるのは、連絡協議会の養成研修を経てキャラバン・メイトになった人です。「認知症サポーター養成講座」を

受講する場合、受講資格は特になく、年齢制限もありません。事実、小・中学生の認知症サポーターも大勢います。

自治体の高齢介護課などの窓口か地域包括支援センターに問い合わせると、いつ・どこで認知症サポーター養成講座が開講されるか、教えてくれます。自治体では年に数回程度、20~30人の定員で公民館などで開講されるケースが多く見受けられます。養成講座の開講状況についてはインターネットでの検索も可能です。

企業や商店など職域単位や学校、自治会、老人クラブ、各種ボランティア団体等で受講することもできます。全国キャラバン・メイト連絡協議会から講師となるキャラバン・メイトを派遣してもらって出張講座を開くか、自分たちの職場でキャラバン・メイトを養成し、その人を講師として開講することもできます。

受講は原則無料で、講座の所要時間はおよそ90分です。専用のテキストとドラマ仕立ての動画を教材に使い、講師による解説と進行で講座は進んでいきます。90分後、受講者は認知症についてより深く理解できるようになっているはずです。

講座を修了すると、認知症サポーターになった証しとしての「修了証」がもらえます。

修了証は、2020年度末までは全国一律に「オレンジリング（オレンジ色のシリコンゴム製リストバンド）」でしたが、2021年度以降は開講する自治体や職域団体ごとに決められた修了証を配布するようになりました。オレンジリングのところもあれば、認知症サポーターカード、バッジ、フェルト製ストラップなど、それぞれ工夫されています。

ちなみに、認知症や認知症サポーターキャラバンのイメージカラー・シンボルカラーは「オレンジ色」で、マスコットはオレンジ色の「ロバ隊長」なので、修了証もそれらをあしらったものが多くあります。

## 認知症の人への対応　ガイドライン

認知症サポーター養成講座でも取り上げられる「認知症の人への対応　ガイドライン」によると、認知症の人への対応の心得は、3つの「ない」が基本になります。

1．驚かせない
2．急がせない

## 3．自尊心を傷つけない

認知症の人は、認知機能の低下とともに視野が極端に狭まっていたり、注意力が散漫になっていたりします。つまり、とても驚きやすい状態になっています。そんな状態のときに、不用意に声をかけたりすると，びっくりして頭が混乱し、いつも以上にわけの分からない状態に陥ってしまいます。そこで、認知症の人と接するときは、本人を驚かせないように、ゆっくり・穏やかに・やさしく、が基本になります。

また、認知症の人は、健康な人に比べると頭の回転が速いとはいえないし、身体的にも動きにくい状態になっていたりします。つまり、何事もスピーディーには対処できません。そんな状態の人に、早口で何か質問したり、矢継ぎ早に指示を出したりすると、すっかり慌ててしまって、やはり頭が混乱します。頭が混乱すると、予期せぬ行動に出てしまうこともあるので、認知症の人と接するときの2つめの基本は、急がせないことです。口に出して言うかはさておき、「待っていますから、ゆっくり、自分のペースでいいですよ」と声をかけるくらいの気持ちで待つことがポイントです。

認知症の人は、話しかけても反応が薄かったり、表情の変化があまりなかったりしますが、それでも本人の内面ではいろいろな感情が渦巻いています。決して、何も分からなくなっている状態ではないし、幼児の知能に逆行しているわけでもありません。にもかかわらず、まるで幼稚園児に話しかけるように幼児語を使ったり、本人がそこにいるのにないがしろにしたりするような発言をすると、本人のプライドは激しく傷つき、落ち込みます。それが症状の悪化につながることもあります。認知症という病気を患っているとはいえ、あなたにとって「人生の大先輩」であることは間違いありませんから、認知症の人と接するときは、リスペクトの気持ちを忘れないことが大切です。

以上、3つの「ない」をベースに、さらに8つのポイントを挙げます。

### ①まずは見守る

認知症と思われる人を見かけたら、無遠慮にじろじろ見たり、いきなり声をかけたりするのではなく、何をしようとしているのか、その行為が安全に行えそうかどうかを、遠くからさりげなく見守ります。

## ②冷静さを持って対応する

こちらが困惑したり焦ったりすると、そのピリピリした雰囲気が認知症の人にも伝わって動揺させてしまいます。対応に困ったときでも焦らず冷静に対応する余裕が必要です。

## ③声をかけるときは1人で

「大丈夫ですか」「何かお手伝いしましょうか」と善意で声をかけるときであっても、複数の人が声をかけると、相手に威圧感を与え、恐怖心をあおることにもなります。こちらが複数人いたとしても、声をかけるのは1人に絞りましょう。

## ④後ろから声をかけない

後ろから声をかけると認知症の人を驚かせてしまいます。まずは相手の視界にゆっくり入り、自分の存在を認識してもらったことを確認してから声をかけます。

## ⑤やさしい口調と笑顔で

認知症の人は驚きやすく、ナーバスな人が多いです。警戒心を抱かせないためにも、やさしい口調で話しかけましょう。相手が小柄な場合、見下ろすように話しかけると威圧感を与えるので、こちらが身をかがめて目線の高さを合わせることや笑顔を見せることも重要です。笑顔は「あなたの味方ですよ」と伝えるサインです。認知症の人と接するときは「鏡」だと思ってください。あなたが笑顔になれば、認知症の人も笑顔を見せてくれる、あなたが何らかの理由でこわばった顔をすれば、相手の顔もこわばり、良い関係が保てなくなります。

## ⑥自分でできることはできるだけ自分でやってもらう

認知症になっても、できることはあります。できることは人それぞれですが、例えば多少時間がかかったとしても、一人で着替えができる人がいたとします。それを横で見ている介護者からすれば、つい手伝ってあげたくなりますが、そこはぐっと我慢することが大切です。自分でできることは自分でやる。それが自立した人間の生き方であり、自分でやることで本人はプライドを保てていたりします。それを過剰な親切心から手伝ってあげたりすると、その人にとっては数少ない「自分でできること」を奪う結果になり、本人も自尊心を傷つけられるし、できることがますます少なくなっていきます。その人が何をできるかを見極め、サポートは最小限にとどめます。

### ⑦穏やかに、はっきりした話し方で

高齢者は耳が遠いことが多く、また認知機能が低下していると、早口の言葉は聞き取れません。そのため、ある程度の声量は必要です。怒鳴るのではなく、穏やかにかつ大きめの声で、1音ずつはっきり発音することが話しかけるときのコツです。

### ⑧相手の言葉に耳を傾けてゆっくり対応する

認知症の人から話を聞くときは、途中で口を挟んだりせず、最後まで忍耐強く聞くことが大切です。それに対する返答も、同じくらいゆっくりしたペースで伝えてください。

## 地域コミュニティのつながりが希薄な時代

認知症サポーターの数が増えれば増えるほど、認知症について正しい知識を持った人が増えるわけですから、その地域は認知症の人とその家族にとって暮らしやすい街になるはずです。それは確かにそのとおりなのですが、懸念材料がないわけではありません。それは日本社会全体で都市化が進むとともに、地域における人と人とのつながりが希薄化していることです。

図2は、2005年の国土交通白書に掲載された、15大都市とそれ以外の市、町村における「地域の人々との付き合い」を表したグラフです。「15大都市」とは、東京都特別区部と14の政令指定都市（札幌市・仙台市・さいたま市・千葉市・横浜市・川崎市・静岡市・名古屋市・京都市・大阪市・神戸市・広島市・北九州市・福岡市）を指しますが、これを見ると、大都市圏では「ほとんど、もしくはまったく付き合っていない」人が45・1％に達しており、「付き合いはあるがそれほど親しくない」と合わせると、全体の

［図2］ 地域の人々との付き合い

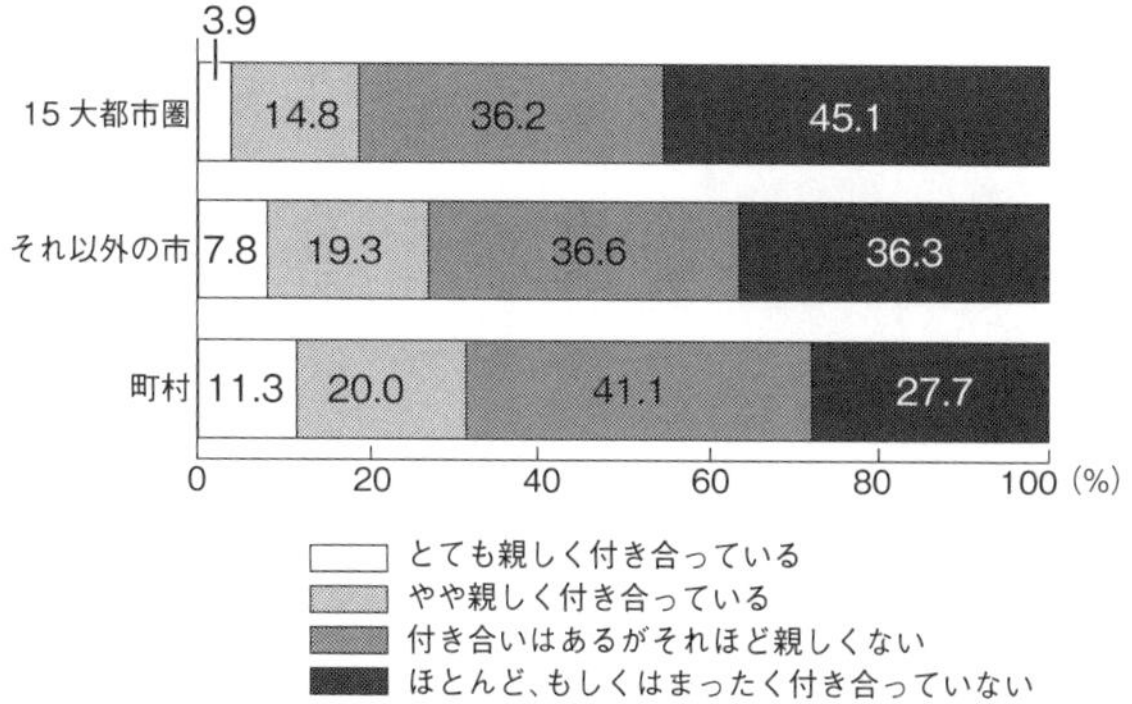


（注）全国の一般世帯を対象に、インターネット調査を実施（標本数2000）

出典：国土交通省「国土交通白書」（平成17年12月調査）

8割以上が「地域の人々との付き合いは希薄である」と回答しています。街の規模がもう少し小さい「町村」レベルになると、人と人との希薄度は多少改善しますが、それでも全体の7割近くの人が「近所付き合いが希薄である」と回答しています。

地域の人々との付き合いがなぜ希薄になるのか。その理由の回答が次のグラフです。

これを見ると、15大都市など大都市圏では「昼間に地域にいないことによるかかわりの希薄化」や「住民の頻繁な入れ替わりによる地域への愛着・帰属意識の低下」が大きく、規模の小さな都市では「コミュ

**［図3］ 地域の人々との付き合いが疎遠な理由（複数回答）**

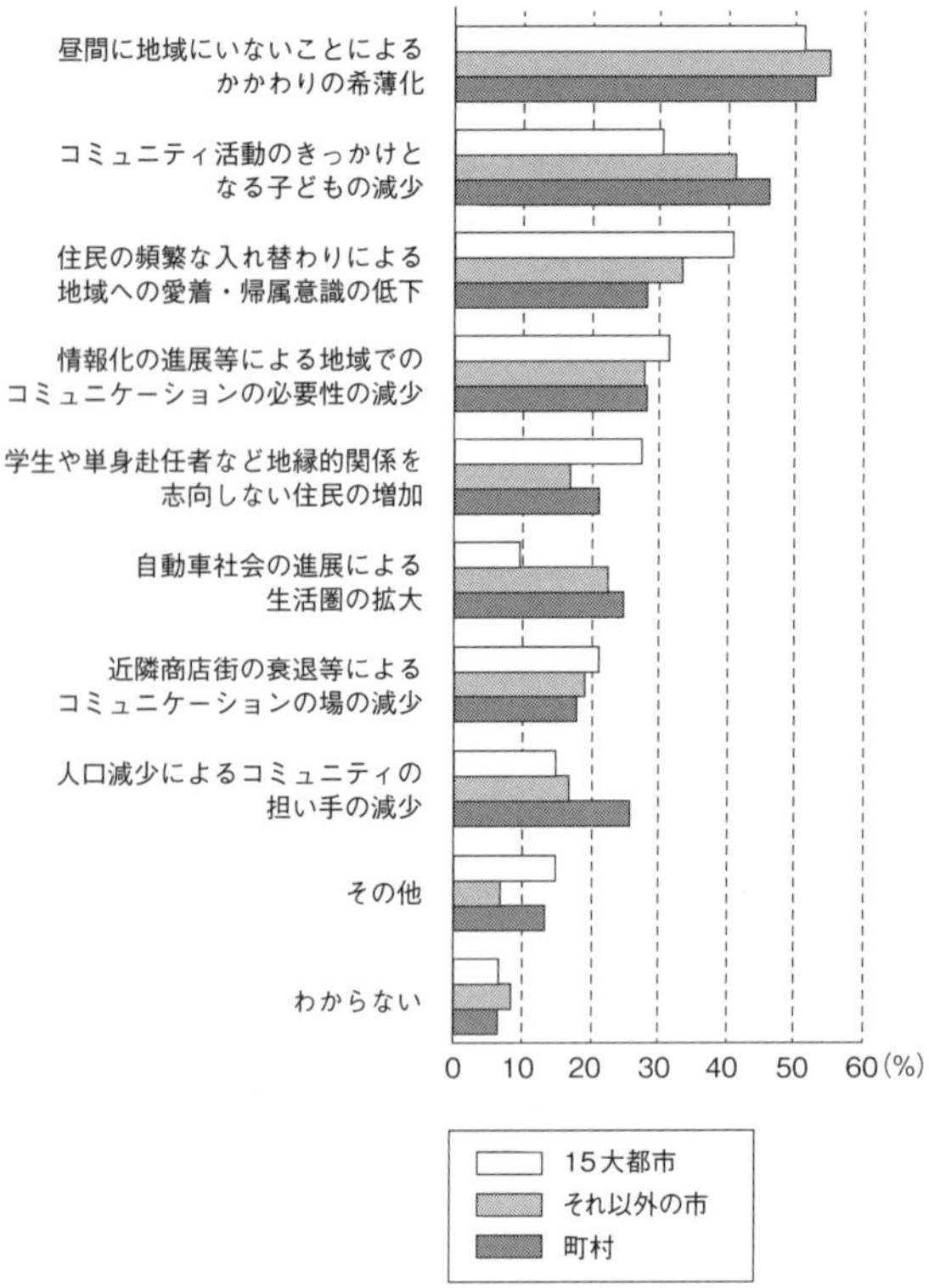


（注）

1　全国の一般世帯を対象に、インターネット調査を実施（標本数2000）

2　全標本のうち、過去と比較して地域の人々との付き合いが「とても疎遠になっている」または「やや疎遠になっている」と回答した400標本を対象に集計

出典：国土交通省「国土交通白書」（平成17年12月調査）

ニティ活動のきっかけとなる子どもの減少」や「自動車社会の進展による生活圏の拡大」「人口減少によるコミュニティの担い手の減少」などが目立ちます。いずれにしても、都市化による核家族や単身世帯の増加と人口の流動化、少子高齢化による子どもの減少など、現代社会の抱える問題がここでも色濃く投影されています。これらは20年近く前の調査ですが、現代的なライフスタイルを持つ人が増えれば増えるほど、地域のコミュニティとの関わりは必然的に薄くなります。

では、地域の人々との付き合いが希薄だと何が問題になるかといえば、誰もが真っ先に思いつくのが、災害・事故・犯罪が発生したときの対応です。例えば大規模な自然災害が発生したとき、自分で自分の身を守る「自助」はもちろん大切ですが、中には病気だったり体が不自由だったりして、自分で自分の身を守れない人もいます。そんなときに重要になるのが「共助」です。大地震で津波が発生したとき、足が不自由なお年寄りを若者が背負って逃げた例は、東日本大震災をはじめ枚挙にいとまがありません。また、災害や事故などで自衛隊・警察・消防の「公助」が到着するまでの間、ケガや被災した住民を助け、支えてくれるのは、やはり同じ地区に暮らす住民の「共助」にほかなりません。

「遠くの親戚より近くの他人」という諺《ことわざ》があるように、万が一の事態が発生したとき、真っ先に助けてくれるのは地域の人々です。

地域の人々との付き合いが大切なのは、災害時に限りません。

認知症についても、まったく同じことがいえます。例えば、認知症の人が一人歩きで行方不明になったときでも、地域の人との交流が密であれば、「△△のおじいさんが何時頃どこどこにいた」と、近所の誰かが見て記憶してくれている可能性があります。場合によっては「△△のおじいちゃん、どこに行くの？」と、心配して声をかけ、家族に伝えてくれるかもしれません。また、その街で暮らすお年寄りを地域の人々が普段からよく見ていれば、「ゴミ出しのルールが守れなくなった」「変な時間に買い物に出かけていった」など、そのお年寄りが認知症の初期症状を発症した時点で異変に気づき、認知症患者の早期発見につながりやすくなります。

一方、人と人との交流がまったくない地域だった場合は、認知症のおじいさんがふらふらと一人歩きしているのを見ても誰も何とも思わず、見た人には「見かけた」という記憶すら残らないため、おじいさんはそのまま行方不明になってしまう恐れが高いといえます。

今、私たちが暮らす社会はすっかり都市化してしまっていて、地域のコミュニティは「住民の見守り役」としての機能をほとんど果たしていません。だからこそ、認知症になっても暮らしやすい街を築き上げていくには、認知症サポーターを数多く養成することが急務になっているのです。

「2009年度までの5年間で認知症サポーターを100万人養成する」。そんな大きな目標を掲げて2005年度からスタートした認知症サポーターキャラバンですが、広報活動は比較的うまくいったようで、目標の100万人をきっちり達成しました。その後も順調にサポーター数を伸ばしましたが、新型コロナウイルス感染症のパンデミックの影響により、2020年から認知症サポーター養成講座の開催回数が激減することになりました。ここ数年、サポーター数も伸び悩みを見せています。それでも、認知症サポーターの累計総数は、2023年12月時点で1400万人を超えました。

厚生労働省はこれまでに、認知症サポーターの数値目標を何度か掲げており、いずれの目標値もクリアしています。

［図４］　2005年度～2023年（12月まで）認知症サポーターの数と養成講座開催回数

認知症サポーター数（キャラバン・メイト数を含む）

合計 1510万9658人

※2023年12月31日現在（2023年12月31日までに提出された実施報告書に基づく）

《内訳》

● 認知症サポーター数　1492万8302人
（講座開催回数 47万104回）

● キャラバン・メイト数　18万1356人
（研修開催回数 3059回）

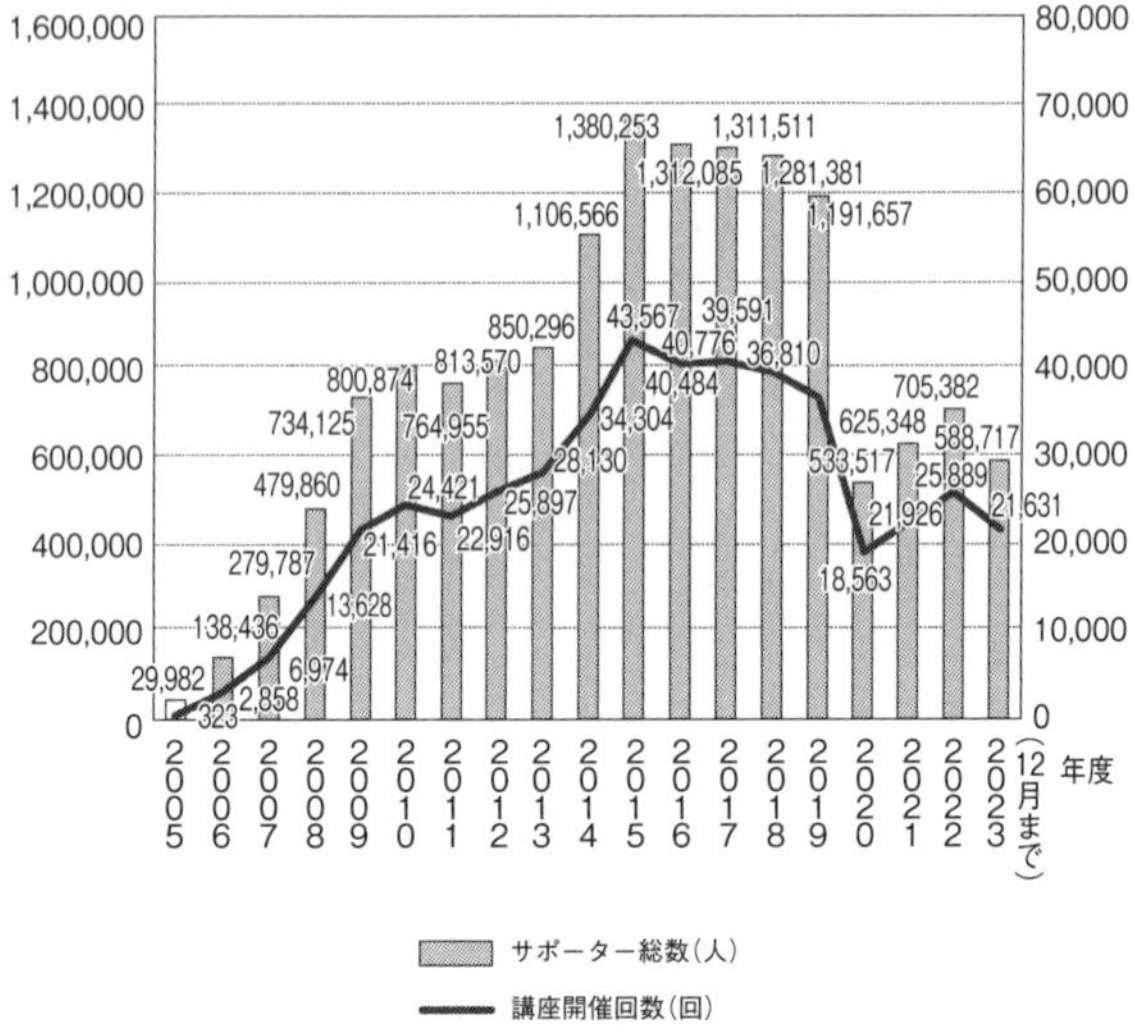


出典：認知症サポーターキャラバン活動報告資料を基に作成

## 新オレンジプランと地域包括ケアシステムの構築と実現に向けて

2011年からの施策推進5か年計画でスタートした「オレンジプラン」は3年後に途中で見直され、2015年には「認知症施策推進総合戦略〜認知症高齢者等にやさしい地域づくりに向けて〜（新オレンジプラン）」に改められました。団塊の世代が75歳以上となる2025年には認知症患者の数は約700万人に達すると推計され、65歳以上の高齢者の約5人に1人が認知症になることになります。2021年当時の推計以上に速いスピードで認知患者が増加したことが改定の要因の一つですが、それ以上に地域社会で認知症についての正しい理解が進んだことや認知症にかかわるさまざまな問題に対する考え方が、より良い方向に変わってきたことが大きな理由です。具体的には認知症の本人からの声が上がったことで支援者の考え方もより良い方向に啓発されました。

新オレンジプランでは、認知症の人の意思が尊重され、できる限り住み慣れた地域のよい環境で自分らしく暮らし続けることができる社会の実現を目的としています。

新オレンジプランの7つの柱が取り組みのモデルの目標に挙げられています。

(1)認知症への理解を深めるための普及・啓発の推進

これは、認知症についての正しい知識と理解をもった支援者を増やす「認知症サポーター」の養成と活動の支援のことです。

(2)認知症の容態に応じた適時・適切な医療・介護等の提供

医療者側の専門医、認定医等の養成と拡充、認知症疾患医療センターの整備と後にお話しいたしますが、認知症初期集中支援チームの設置についてです。

(3)若年性認知症施策の強化

65歳未満で発症する認知症の総称です。医学的には高齢者の認知症と大きな違いはありません。ご本人や配偶者がいわゆる「現役世代」であるため、ご本人だけではなく家庭生活や社会生活への影響も大きいという特徴があります。

(4)認知症の人の介護者への支援

認知症初期集中支援チーム等による早期診断、早期対応や「認知症カフェ」等の設置の推進。介護者の身体的負担を軽減するための施策。

(5)認知症の人を含む高齢者にやさしい地域づくりの推進

生活の支援や生活しやすい環境の整備、高齢者向け住まいの確保支援。就労や地域活動、ボランティア活動等の社会参加の促進。独居高齢者の安全確認や行方不明者の早期発見・保護、詐欺など消費者被害の防止を目的とした地域での見守り体制の整備。成年後見制度等の周知や利用促進など。

(6)認知症の予防法、診断法、治療法、リハビリテーションモデル、介護モデル等の研究開発およびその成果の普及の推進

いわゆる診断、治療法などの確立。有効な予防法の開発につなげる施策。

(7)認知症の人やご家族の視点の重視

認知症に人の視点に立った認知症への社会の理解を深めるキャンペーンの実施。認知症施策の企画・立案や評価への認知症の人やそのご家族の参画。

新オレンジプランは、地域包括ケアシステムの構築の実現を目指す中で、認知症について社会を挙げた取り組みのモデルを示していくものです。認知症は地域の医療・介護を含む多職種専門職が連携するうえで、取り掛かりやすいことでもあると思います。認知症高齢者等にやさしい地域の実現には、行政、民間、地域住民などさまざまな主体がそれぞれの役割を果たしていくことが求められるとしています。またコミュニティのつながりこそがその基盤であり、認知症高齢者等にやさしい地域づくりを通じて地域を再生するという視点も重要としています。

認知症当事者の声が原動力の一つとなり、認知症発症予防と共生社会の実現を目指す――認知症の人を介護者が抱えることなく、地域でサポートできる社会の実現を目指していくことが重要なのです。

## 自治体によっては、思うように増えていない認知症サポーターの現状

しかし、全体数にばかり目を奪われていると、大切なことを見逃す危険性があります。これまで私がずっと気になっていたのは、自治体ごとの認知症サポーター数に大きなばらつきがあることです。ある自治体では認知症サポーターの養成がきわめてうまくいっているように見えるのに、ある自治体ではサポーター養成がまったく進んでいないようにも見えるのです。

認知症サポーターキャラバンを運営している全国キャラバン・メイト連絡協議会は、市区町村別キャラバン・メイト数、認知症サポーター数を定期的に公表しています。その最新版である2024年3月31日現在の数値を見ると、自治体ごとの格差がいかに大きいかが分かります。

自治体ごとに人口が大きく異なるため、「自治体人口に占めるキャラバン・メイト＋サポーター数の割合」と、「メイト＋サポーター1人が受け持つ高齢者数」に注目してみます。すると、「メイト＋サポーターの人口比」が最も大きかった自治体の数値は

［図５］　都道府県別キャラバン・メイト数、認知症サポーター数、開催回数　自治体・地域における養成数（自治体型）

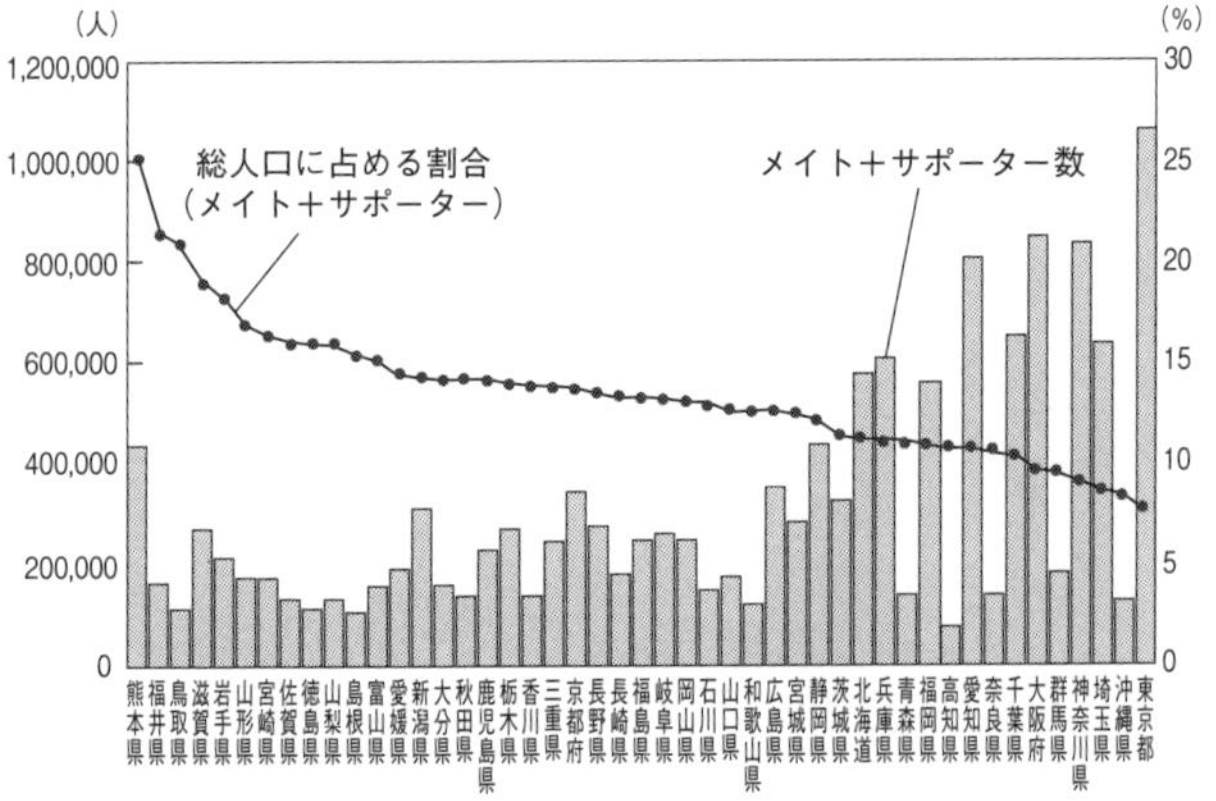


2024 年 3 月 31 日現在（2024 年 3 月 31 日までに提出された実施報告書に基づく）

98・０８９％、最も小さかった自治体の数値は０・０４０％でした。メイト＋サポーター数が住民のほぼ全員と意識の高い自治体もあれば、住民の１０００人に１人以下しかメイト＋サポーターのいない自治体もあるわけです。また、「メイト＋サポーターが受け持つ高齢者数」を見ると、最も少ない自治体で０・４人、最も多い自治体で１０２９・０人となっています。前者の自治体ではサポーターと高齢者がほぼ同数なのに対して、後者の自治体ではサポーター１人に対し高齢者が１０２９人いるということです。この状態では、サポーターが高齢者一人ひとりを見守ることなど到底不可能です。

ちなみに、「メイト＋サポーターの人口比」の全国平均は11・506％、「メイト＋サポーター1人が受け持つ高齢者数」の全国平均は2・5人でした。

私の地元である大阪府についても見てみると、人口比が最も大きかったのは泉南市の34・924％、最も小さかったのが忠岡町の4・780％です。メイト＋サポーター1人あたりの高齢者数は泉南市が0・8人、忠岡町が9・4人で、やはり大きく差がついています。

認知症はそれまでの既往症に関係なく、いつ誰が発症してもおかしくない病気です。だからこそ、全国平均や隣町のことはともかく、今自分が住んでいる街の認知症サポーター数を増やすことがきわめて重要になってくるのです。

［第3章］

# 地域に根ざしたイベントを活用するという発想
# 〝だんじり祭〟のコミュニティを活かした認知症サポーターの増員

## ２０１１年、泉大津市の認知症サポート医になる

私自身が認知症サポーターと関わり始めたのは意外に遅く、２０１１年に大阪府泉大津市の「認知症サポート医」に任命されてからのことです。

認知症サポート医とは、地域の認知症患者に対する医療・介護体制の中核を担う医師のことで、一定の研修を受けて資格を取得したあと、地元自治体によって任命されます。自治体、地域包括支援センター、地元医師会などと連携して地域の認知症対策の企画・立案に参画し、認知症の患者を早期発見・早期診断できるよう、関係各位の調整を行うパイプ役でもあります。また、認知症の疑いのある患者と最初に接するのは地元のかかりつけ医ですから、そうしたかかりつけ医の先生に認知症診断の指導と助言も行います。

私は生まれも育ちも大阪府泉大津市で、父は地元で開業した内科医、母は薬剤師でした。私自身は滋賀県の医大医学部を卒業し、大学病院や京都の国立療養所、京都・滋賀の民間病院で長く勤務医を務めていましたが、父が病気で亡くなったのを機に地元で父の医院を引き継ぐことになります。それが２００８年のことです。医師になって20年後の帰郷

でした。そんな私に大阪府から養成を打診された泉大津市医師会より「認知症サポート医になってくれないか」との依頼がありました。2011年のことです。私は内科医として地元で開業しましたが、専門は神経内科（現在の脳神経内科）であり、アルツハイマー型認知症などの患者を数多く診てきました。おそらくそうした経験を買って、私に声をかけてくれたのだと思います。そうして大阪府が開催する認知症サポート医養成研修会に参加しました。土曜日午後から日曜日午前午後の1日半びっしり研修を受け、無事認定されることとなりました。折しも、認知症対策に向けて国が本格的に動き始めた時期でした。

私がサポート医になろうと決意した理由は、日々の診察で認知症患者やその家族が地域で疎外感をおぼえていたり、一人歩きや迷子によるトラブルに見舞われていたりすることを目の当たりにし、患者とその家族をサポートする体制が必要であると考えていたからです。いわゆる認知症についての地域包括ケアシステムの構築です。

そうして私は認知症サポート医になり、認知症サポーターという制度がスタートしていたことを知りました。認知症サポーターは、認知症の人とその家族を温かく見守る、街の応援者です。そんな認知症応援団で街がいっぱいになれば、認知症になってしまった人もその家族も、誰に引け目を感じることなく、またグループホームなどの施設に入所することなく、住み慣れた街でいつまでも楽しく暮らすことが可能になります。

そこで私はまずは認知症サポーターの増員に取り組もうと考えました。しかしながら泉大津市では「認知症サポーターになろう」という気運がまったくといっていいほど盛り上がっていません。認知症という名称も今ではある程度知られていますが、当時はほとんど知る人がおらず、認知症サポーター制度については、私自身がそうだったように、そもそもこうした制度があること自体、泉大津市民のほとんどは知らなかったのだと思います。

## 認知症サポーターを拡大する秘策とは?

認知症サポート医の日常はある程度忙しいです。まず、毎月開催される泉大津市の「地域ケア会議」に出席しなければなりません。これは、地域包括支援センター主催で行われる会議で、泉大津市高齢介護課の職員、地元医師会、介護施設職員とケアマネージャー、保健師、社会福祉士、訪問看護師、民生委員など、高齢者の医療と介護に関わる関係者全員が一堂に会し、「地域包括ケアシステムの実現」を最終的なテーマに掲げて話し合います。地域包括ケアシステムとは、高齢者が要介護状態になっても、いつまでも同じ地域に住み続けられるよう、高齢者に対する医療・介護・生活支援を地域で包括的に提供する仕組みのことです。私も泉大津市の認知症サポート医として、出席が求められていました。

また、認知症サポート医である私は、必然的に泉大津市の「認知症初期集中支援チーム」のメンバーに組み込まれています。これは、「認知症の疑いのある高齢者がいる」、あるいは「認知症が進行し周辺症状といわれるBPSD（行動・心理症状）がすでにみられ、医療や介護支援につながらず、このままでは健康被害に及んでしまう」との連絡が市や地域包括支援センターに入った場合、医師、保健師、社会福祉士などが「ワンチーム」となって、その高齢者の自宅を訪問し、何か困り事があればその場で相談に乗り、診察が必要と判断すればその場で診察を行い、認知症の疑いが濃厚と分かった時点で関係各位とすばやく情報を共有し、今後の対応に当たるというものです。要介護認定を受け社会的サービスを利用するため、主治医意見書を作成することも多いです。

さらに、認知症サポート医は市内にある病院、医院、クリニックの「認知症に関する司令塔」として、地元住民のかかりつけ医に認知症に関する研修を計画し実行するという義務もあります。

こうした認知症サポート医としての務めを果たしながら、一方で私は自分で開業しているクリニックの院長として週5日間、多くの患者の外来診療、在宅医として往診や訪問診療にも当たらなければなりません。

そんななか疲労が重なった状態で地域ケア会議に月1～2回参加していました。2014年は、認知症の市民への啓発や、認知症サポーター養成などについて、議案に上がることが多かったと思います。「泉大津市民の認知症サポーターをどうやって増やしていくか?」。厚生労働省が以前から目標に設定している認知症サポーターの人数は「自治体の人口の10%以上」です。2014年当時、泉大津市の総人口は約7万6000人でしたから、7600人以上の認知症サポーターを養成しなければなりません。ところが、その時点で認知症サポーターとして登録している市民は1600人あまりで、市の人口のわずか2・2%（大阪府平均3・09%）であり、市町村別でみても泉大津市は下位のグループでした（認知症サポーターキャラバンホームページ「市町村別サポーター養成状況」より）。私が認知症サポート医になった2011年からもう3年も経つのに、人数はほとんど増えておらず、いったいどうすればいいのかと自分なりに考えていました。

そしていつからか、「だんじり祭」と「認知症対策」、この、一見全く関係がないように思えるこの二つの言葉が私の脳裏に浮かぶようになりました。

だんじり祭は、物心がついたときから50年近く関わっており、当時はすでに祭りの運営をつかさどる年代となりさまざまな役割を引き受けていました。一方、認知症対策は6年前に川端医院を父から継承した頃から、認知症サポート医として医師会や市、介護施設の関係者とともに関わっているものです。

だんじりは古き良き日本の町の組織が、祭りを通じて脈々と残っています。子どもから青年、成人、老人に至るまで縦と横のピラミッド型の人と人の関係を、地域の認知症を含めた地域包括ケアに利用しない手はないと考えたのです。

2014年夏のとある日、泉大津市の地域包括ケア会議で初めてこの構想を明らかにしました。構想を発表すると言うのは聞こえがいいですが、会議中、実は仕事の疲れからか、眠くてうとうとし始めたところで、その当時の地域包括支援センターの所長さんから、「川端先生、認知症サポーターを市民の中で増やすために何かいい案がないでしょうか？」と不意に意見を求められました。「だんじり祭の関係者になってもらうと一気に認知症サポーターは増えると思います！」と思わず口走ってしまったのが正直なところです。会議のメンバーの中に岸和田市でだんじり祭に関わっている方から、「先生、だんじり関係者にそれを言っても無理ですわ！」と間髪入れることなく発言されたことを覚えています。しかし私は祭り関係者団体は前年の反省を踏まえて毎年真剣に祭り運営や安全対策などについて考えている団体であると身をもって理解していたので、この認知症サポーター養成や支援活動の協力について、きっとうまくいくだろうと考えていました。

何はともあれ、一旦スタートを切ってしまえば、あとは躊躇せず、行けるところまで進むのみであるとこの時強い意識を持ち決意しました。

## 泉大津には〝だんじり〟で結ばれた強固なコミュニティがある

「だんじり」とは、神社の祭礼のときに引き回される、さまざまな装飾を施した台車のことです。一般的には「山車（だし）」といいますが、関西圏、特に大阪・兵庫では「壇尻（だんじり）」とか「地車（じぐるま）」と書いてだんじりといったりします。

だんじり祭では、泉大津市の近隣の岸和田市のものが有名ですが、泉大津市のだんじりも大阪ではかなり人気があります。

少し専門的な話をすると、だんじりはその構造によって「上だんじり」と「下だんじり」に分かれます。泉大津の一部のだんじりは「上だんじり」といい、だんじりの周りに「担い棒」という囲いがあり、土台から屋根まで通り柱で造られているため、上下に分割はできません。重さは1台3～4トンで機動性が高く、1台を200～300人で曳行します。一方、岸和田のだんじりは「下だんじり」といって、担い棒などの囲いも通り柱もなく、上下2段に分かれる構造をとり、重さは1台約4トンで、500～1000人で曳行します。

岸和田のだんじりでは、曳行時に交差点を直角に曲がる「やりまわし」が有名ですが、泉大津の濱地区（濱八町）のだんじり祭では、だんじりとだんじりをぶつけ合う「かちあい」のほうが有名です。このかちあいが見られるのは全国でも泉大津のだんじりだけで、止まっているだんじりに、別の町のだんじりがドスンとぶつかるのはかなりのど迫力で、これを目当てにたくさんの観光客が泉大津のだんじりにやって来ます。

なぜ、私はこんなにだんじりに詳しいかというと、私も泉大津だんじり祭の関係者で、だんじりには子どもの頃からずっと関わってきました。

だんじりはあくまで神社に奉納するお祭りなので、神社単位でだんじりが造られています。泉大津市内には大津神社、泉穴師神社、曽禰神社、助松神社の4つの神社があります。

大津神社は「濱八町（はまはっちょう）」と呼ばれる8つの町の氏神様であり、町ごとに1台ずつ、合計8台のだんじりがあります。この濱八町のだんじりが「上だんじり」です。ちなみに濱八町とは、元町・出屋敷町・上市・宮本町・田中町・上之町・下之町・西之町の8つであり、私の町は上之町です。

泉穴師神社を氏神様にいただいているのが「穴師」地区の豊中町・池浦町・我孫子・板原町で、だんじりが4台あります。

曽禰神社の「曽根」地区は二田町・千原町・池上町・北曽根・南曽根・森町・池園町（現在休止中）の7町でだんじり7台、助松神社の「助松」地区は助松町1町でだんじり1台です。

「濱八町」に対して、「穴師」「曽根」「助松」は3地区合わせて「十二町連合」と呼ばれ、十二町連合のだんじりはすべて下だんじりです。

祭礼は毎年10月の2日間（土曜が宵宮、日曜が本宮）にわたって行われ、その1週間前の日曜日に試験曳きが行われます。毎年10月のこの2週間は、濱八町の8台、十二町連合の11台のだんじりが町内を駆け巡り、泉大津の祭り好きにとっては最高に盛り上がる期間になります。

この泉大津だんじり祭を運営しているのは、各町のだんじり祭実行委員会で、だんじりを曳行する主要メンバーは各町200～300人ほどです。メンバーは年代ごとに少年団（14歳以下）・青年団（15～28歳くらい）・若頭会（29～50歳くらい）・世話人会（50～64歳くらい）・顧問相談役（65歳以上）を結成しています。これまでのおよそ300年間、祭りの伝統は世代間で順送りに継承されてきているので、縦の関係もきわめて良好であり、毎月の寄り合いでコミュニケーションも密に取られています。

だんじり祭が、これ程多くの人々の心を引きつけ、毎年毎年、数百年以上、永代続くのはなぜでしょうか。だんじり祭の魅力は一言で語り尽くせないと思います。太鼓が空気の振動を通じて体を響かせ、決して一人で動かないだんじりを、多くの曳き手の掛け声と同時に力が合わさることで、すーっと曳き綱の抵抗がなくなり動き出す瞬間の感動と興奮が、だんじり祭をこよなく愛する多くの方々の原点であると思います。4トン以上もあるだんじりが、多くの曳き手によって威勢よく走り、街角を一気にやりまわしをして方向転換し駆け抜ける、緊張と興奮を併せ持つ団体スポーツにも似ている感覚です。

「地車（だんじり）は大勢の人によって動かされる。走らせる、曲げる……を自在に操るために各受け持ちが分かれ、そこに役割分担と組織がある。人の力、そして伝統の技が複雑に絡まり一つの大きな動きとなるさまは最大の魅力である。」（岸和田だんじり読本より抜粋）

多くのだんじりの曳き手が、だんじりを動かす様をうまく表現した文章です。また地域のコミュニティの中心となるのがだんじり祭です。以下の文章もうまく伝えてくれています。

「日本各地で行われている伝統的な祭りが都市の空洞化や少子高齢化などにより形骸化していく中、だんじり祭は地域住民と祭礼関係団体との絆で連綿と受け継がれて参りました。勇壮、豪快、華麗が自慢のだんじり祭は、泉州人の心意気を示すものであり、地域コミュニティの象徴となっています。人と人との親しい付き合いが希薄になってきている現代社会において、だんじり祭を通して市民がひとつになるようなコミュニティの形成が重要になってきています。」（泉大津市暮らしの便利帳より抜粋一部改変）

　このだんじり祭のコミュニティと連携すれば、認知症サポーターの輪も大きく拡大できるのではないかと考えました。なぜなら、このコミュニティは少年から高齢者まであらゆる世代の人々で構成されていて、世代間の絆も強固で、コミュニケーションも頻繁に行っているし、何よりメンバー全員が地元の泉大津をだんじりを通じてこよなく愛していま す。そこで、「認知症のお年寄りが泉大津でいつまでも楽しく暮らしていけるように、みんなで協力してほしい」と言えば、きっと「イヤだ」とは言わないはずだと思ったのです。

## 地域ケア会議での〝微妙な〟反応

地域ケア会議では突然指名されてとっさに「だんじり……」と言い放った私のアイディアに対し、ほとんどの出席者は「なるほど」という表情で聞いてくれました。ただ一人反論したのは、岸和田出身という地域包括支援センターの男性スタッフです。

彼からはっきりと言われたわけではありませんが、〝だんじり命〟のだんじり関係者は、祭りに余計なものは持ち込んでほしくないと考えたのだと思います。

確かにその考えは一理あります。少なくともその男性は、だんじりのときはだんじりに集中したかったのだと思います。民俗学でいうところの「ハレ」と「ケ」でいえば、だんじり祭は明らかに「ハレ」の特別な場面であり、認知症や認知症サポーターはありふれた日常の「ケ」に該当します。また、私は「祭り」という神事・神賑《かみにぎわい》という神聖な領域に「認知症」という病気を結びつけることに、自町の上之町を含むだんじり祭に関わる大先輩から、「何で祭りに縁起の悪いこと持ち込むのか⁉」と叱られるのではないかとの危惧も少しはありました。しかし、京都祇園祭でさえ、その起こりは疫病退散を祈願して山鉾を立てたことであることから、理解は得られるだろうと考えていました。実際、スタートからこの10年間一度もこのことを指摘されたことはありませんでした。

とはいえ、この会議の場でいくら議論を重ねても、これ以上話は前に進みません。なぜなら、結局は「だんじり関係者がどう対応してくれるか」にかかってくるからです。そこでとりあえず私がこのアイディアを持ち帰って、実際に上之町の寄り合い（祭りの実行委員会）でだんじり関係者の意見を聞いてみることになりました。

私がとっさに放った一言から、事態がいよいよ動き始めたのです。

## だんじりコミュニティ200人が丸ごと認知症サポーターに!?

だんじりに関する私の最も古い記憶は、だんじり祭の夜、片方の手を祖母に引かれながら、もう片方の手でだんじりを引っ張って歩いたことでした。おそらく3～4歳の頃だったと思います。日中に行われる本宮では、青年団や若頭会の血気盛んな男たちが荒っぽくだんじりを引き回しますが、その前日宵宮の午前中（子どもタイムといっています）や提灯をだんじりに着けた夜に行われる曳行では、だんじりが市中をゆっくり巡るので、小さい子どもでも安全にだんじりを曳くことができます。それでも私は目いっぱい走りました。このときの体験がのちのちの人生やだんじり認知症サポーターの取り組みへとつながったのです。その後、小学校高学年になると地元の少年団に入って、昼間の比較的安全な時間帯にだんじりを曳きました。青年団に入ってからは、祭りの主力として上之町だんじりにずっと関わってきたという自負があります。そして、だんじりメンバーに認知症サポーターの件を持ちかけた2014年当時、私は上之町中長元（世話人）としてだんじり祭実行委員会のメンバーでした。

2014年○月、だんじり祭本番を翌々月に控えた実行委員会の寄り合いの席で、私は立ち上がって「皆さんに相談したいことがあります。少し時間をもらえますか？」と話を切り出しました。

「泉大津市では今、認知症サポーターというのを募集してて……」

最初にどんな話をしたのか、今では失念してしまいましたが、おそらく、話が少々専門的になりすぎてしまったようです。委員会のメンバーは皆、ぽかーんとした顔のまま、まったく何の反応も示しません。私の話を聞いているのか、聞いていないのか、分からない状態で、雰囲気としては〝完全アウェー〟です。

ひととおり話した直後、小中学校時代の私の同級生で、実行委員会の世話人を務めている工島くんが助け船を出してくれました。

「先生、そんな難しいこと言われても、ワシら分からへんで!」

このツッコミに場内大爆笑! そのおかげで、委員会の雰囲気は一気に和みました。実は、彼は阿吽《あうん》の呼吸で、わざと私を助けるつもりで声を上げてくれたのです。

「そうやな。難しかったか。そしたら、もう少しかみ砕いて話すわ」

そのあとに話した内容は今でもはっきりと覚えています。


今、「認知症」という病気の人が増えてきて、この泉大津市でも大問題になっている。「認知症」といっても分かりにくいかもしれないけど、要するに、昔「痴呆」とか「老人ボケ」とかいわれていた病気のこと。今までだったら、痴呆になったお年寄りは老人病院に入れられていたけど、今の日本では高齢化が進んでいて、みんな長生きになって、老人ボケになる人ものすごく増えてきた。2025年には、お年寄りの5人に1人は、この

「認知症」というのになってしまうといわれている。そうなると、病院にはとても入りきれなくなる。そしたらどうするかというと、認知症になっても今までどおり、若い人や健康な人たちと一緒にこの泉大津の街で、普通に暮らし続けていかなければならない。

でも、それはそんなに簡単なことじゃない。認知症になったお年寄りは、それまで普通にできていたことができなくなる。例えば、スーパーやコンビニで買い物をするときでも、たぶん、お金の計算ができなくなっていると思う。歩くのもとてもゆっくりになって、横断歩道を渡りきらないうちに、歩行者用信号が赤になってしまうかもしれない。それから、「一人歩き」といって、自分で勝手にふらふら街に出歩いていって、帰り道が分からなくなって、迷子になって、そのまま行方不明になって行き倒れになるお年寄りも出てくる。これからの時代は、そんなふうに、放っておいたら危ないお年寄りがどんどん増えていくと思う。悲しいけど、これが現実だから仕方がない。

そこで、国も、泉大津市も、ボランティアで「認知症サポーター」になってくれる人を増やそうと促している。

認知症サポーターといっても、何か特別なことをやってほしいわけではないし、大それたことを期待しているわけでもない。認知症という病気について正しく学び、認知症になった人のことを正しく理解し、日々の生活を応援してくれればそれでいい。そのうえで、スーパーやコンビニのレジでお金の支払いに苦労しているお年寄りを見かけたら、「お困りですか」「お手伝いしましょうか」と声をかけるとか。いや、声をかけるのが照れくさかったら、お年寄りがお金の計算をし終えるまで、温かい目で待っていてあげるだけでもいい。いろいろなことが若い人のようにできなくなっているお年寄りを、温かい目で見守ってあげる。それだけでも十分、認知症サポーターとしての役割を果たしていると思う。要は、今までよりも少しだけ、街のお年寄りに気をつけてあげて、見守ってあげればいい。

実は、今、認知症サポーターになってくれる人が全然いなくて、泉大津市はすごく困っている。自分たちはこの泉大津の街が好きだし、今まで泉大津の街にもお世話になっているんだから、今度は自分たちが認知症サポーターになって、困っているお年寄りや困っている泉大津市を助けてあげたいと思っているんだけど、みんなはどうだろうか。

私が話し終えると、「ボランティアで世の中のためになるんやったら、ええんちゃう！」と同級生含め数人の声が上がりました。

今振り返ると正にこの瞬間から私たちだんじり認知症サポーターのキセキ（軌跡・奇跡）がスタートしたと言っても過言ではありません。

「認知症サポーター養成講座っていうのを泉大津市のほうでやってくれるから、それを受講すれば、誰でも簡単に認知症サポーターになれるよ。講座の所要時間は90分くらい。受講すると、『認知症サポーター』の証しに、シリコンゴム製のオレンジリングがその場でもらえる。みんなが参加できる日にちと時間に、私のほうで養成講座をセッティングするわ」

そこから、事態は急展開し、実行委員会の寄り合いのあと、私はすぐに地域包括支援センターに連絡を入れました。

地域包括支援センターの人は大喜びで会場を手配してくれて、なんとテクスピア大阪という泉大津市でも最大の立派なホールを借り切ってくれました。全国キャラバン・メイト

2014年テクスピア大阪での認知症サポーター養成講座

連絡協議会も、認知症サポーター養成講座の講師として優秀なキャラバン・メイトを派遣してくれて、会場と講師の協力により講座を開催することになりました。

当日は泉大津市高齢介護課の部長に、テクスピア大阪の100人入る会議室での認知症サポーター養成講座の冒頭で挨拶に来ていただきました。部長も実は泉大津市出身で自身も女性でありながら、だんじりを中学生の頃まで曳いていた方です。また、上之町の世話人の先輩に、市職員の方がおられて直接声をかけてくれていました。

だんじり関係者が参加する初めての認知症サポーター養成講座であったため、どれだけの集客が見込まれるのかが不安でした。そこでだんじり彫刻専門家の花内氏（上之町世話人）にだんじり彫刻と彫師についての講演を養成講座のあとで行ってもらうことにした結果、会場は１００人余りの参加者で埋め尽くされたのです。その後、50人ずつ2回に分けて、市民会館会議室や町の地車会館で養成講座を行いました。計３回の認知症サポーター養成講座の終了時や、上之町の寄り合い時に、「祭り当日は全員オレンジリングを着けて祭りに出てきてや！　泉大津市民の方々に認知症サポーターを紹介して広げるために。また来年度は濱八町の他の7町にも認知症サポーターを広げていくために、よろしくお願いします」と私は繰り返し念を押して伝えました。２０１４年10月、２００人の上之町のだんじりサポーターが、祭り本番にオレンジリングを手首に着けてだんじりを曳行しました。

この10年間の私の経験上、極めて大事であると考えているポイントがあります。それはだんじり関係者で認知症サポーター養成講座を行い、だんじり認知症サポーターとしての啓発力を発揮してもらうためには、祭り当日に認知症サポーターの証しであるオレンジリングを着けてもらうことです。また休憩時間や試験曳きの日に、オレンジリングを着けてサポーター全員でだんじりを囲んで写真を撮っておくことも大切です。そうすることで、その後の認知症サポーターとしての意識や啓発力が断然ちがってくるのです。

## 2014年、だんじり認知症サポーターが誕生

2014年10月11日（宵宮）、12日（本宮）の2日間は、300年以上続く泉大津だんじり祭の歴史に新たな1ページを加えることになりました。私たち上之町だんじりのメンバーのうちの200人以上（私も含まれます）が、認知症サポーターの証しであるオレンジリングを腕に付けて、勇壮にだんじりを曳きまわしたのです。

手前みそになって恐縮ですが、私たち上之町の黒生地に赤いラインの入った祭りの法被に、手首に付けたオレンジリングが実によく映え、まるでだんじり祭用にあつらえた装飾品であるかのようにマッチして見えるのでした。私たちは泉大津だんじり祭のメンバーでもあり、認知症サポーターでもあります。すなわち、日本に200人しか存在しない「だんじり認知症サポーター」がこのとき誕生したのです。オレンジリングを着けた多くの上之町青年団が、綱をみんなで握り、力を結集してだんじりを曳く様を観ると、漠然とではありますが、この町の将来に何か大きな力を感じたことは今も鮮明に記憶しています。

事実、だんじり祭当日に私たち上之町メンバーが付けていたオレンジリングは、見物客の皆さんの注目を集めたようで、市民の方々からいろいろな声が上がっていました。中には、「オレンジリングは認知症サポーターになっただんじり関係者しかもらえないもの」だと勘違いした人も少なくありませんでしたが、そういった誤解が生まれたときは、むしろ正しい情報を伝える好機でもあります。そこで、だんじりメンバー有志が「だんじりを曳かなくても、認知症サポーター養成講座を受講すれば、誰でもオレンジリングがもらえます」と直接伝えてくれたり、SNSに投稿してくれたりすることで、それを見て認知症サポーター養成講座を受講する人が増えました。市最大のイベントであるだんじり祭の関係者が認知症サポーターになることの、啓発力の強さが証明されたのです。まさにスタート時から意図していたことが目論見《もくろみ》どおりとなりました。

この活動は自町にとどまらず、翌年2015年には泉大津濱八町だんじり祭の他の7町に拡大し、だんじり関係者の認知症サポーターは900人を数え、さらに2016年には泉大津市の山手地区の十二町地車連合会の4町を含めて、その数は1300人に達しました。2017年にはさらに広がりをみせ、養成講座をすでに受講してもらっている町で

**2017年10月3日付　朝日新聞より**

# 認知症支援に だんじりの輪

## 大阪・泉大津「サポーター」1400人

## 地域のつながり生かす

オレンジリングをつけ、大修理されただんじりのお披露目に臨んだ上市青年団のメンバーら

だんじりが盛んな大阪府泉大津市で、参加者が「認知症サポーター」になる動きが広がっている。祭りで培われた地域のつながりを、認知症の人の支援にいかす取り組みだ。7、8日の本祭りには、サポーターの証しであるオレンジ色の腕輪をつけ、意気込みをアピールする。

きっかけは、市内で内科・神経内科医院を営む医師の川端徹さん(54)の発案だった。地元出身で、大学進学などで泉大津を離れた時期も、だんじりの時は帰省して参加してきた。

2014年夏、医療や介護関係者らの集まりで、どうすれば認知症サポーターが増えるかが話題になった。「だんじり関係者にやってもらえば一気に広がるのでは」。川端さんはかねての思いを語った。

### 7・8日、本祭りで活動アピール

地元の上之町で呼びかけたところ、14年は約200人がサポーターになり、他の町へも広がった。先月中旬にあったサポーターの養成講座でも、新しく地元の青年団に入る高校生たちが参加。今年で約1400人にまで増えた。

認知症の人を見守る目は、少しずつ根付いている。

会社員の但馬雅也さん(28)は、宮本町青年団団長だった昨年夏、帰宅途中に認知症とみられる男性と出会い、交番まで送り届けた。「講座を受けていなかったら（男性を）警察に連れて行かなかったと思う」。サポーターの証しとして講座修了後にもらったオレンジリングは、なくさないよう車のルームミラーにぶら下げている。

医師の川端さんは「講座を受けて終わりでなく、祭りのたびにオレンジリングをつけることで、認知症支援の意識が持続する効果もある」と話す。今年は新たに「だんじり認知症サポーターの輪」と題したホームページを作った。「泉大津だけでなく、だんじりのあるほかの町でも取り組んでもらえたら」

認知症サポーターは、認知症を正しく理解し、本人や家族をできる範囲で手助けする。症状や接し方を学ぶ90分程度の無料講座を受けると認定される。国が05年に始めて以降、全国に約900万人いる。（十河朋子）

認知症サポーターを増やそうと尽力する川端徹さん＝いずれも1日、大阪府泉大津市

も、新たに青年団に入団した新参の方を対象に、場所を借りて泉大津市だんじり関係者全体で認知症養成講座を2回開催し、総計でだんじり認知症サポーターは1400人に達しました。この活動に啓発され、市内の他の団体でも認知症サポーター増員の気運が高まり、泉大津市全体でも3年間で（2014年）1680人↓（2017年）6500人（対人口比2・2%↓8・5%）に達し、府下10位（大阪府平均5・6%）に躍進しています。また泉大津市以外でも青年団を中心に認知症サポーターの増加が報告されており、地域を越えて、この活動が広がり始めました。

毎日新聞（2015、2016）、読売新聞（2016）、朝日新聞（2017）にも掲載され、

２０１７年7月にはＦＭラジオ、ＦＭＯＨ！（ＦＭ大阪85・１ＭＨｚ　ＤＪ谷口きよこ、大塚由美ほか）でも『だんじり認知症サポーターの輪』のことが紹介されています。これ以降オレンジリングの輪は大阪泉州全域のだんじり文化に広がるとともに、認知症サポーターに限らず、地域包括ケアシステムの一助として地域に関わってもらえるのではと期待が膨らみました。

## 認知症啓発イベント「ＲＵＮ伴」との出会い

たった1枚の写真から、世界が大きく変わることもあります。

次のページの写真は２０１４年10月11日、祭りの宵宮曳き出し後の朝の休憩時間に、オレンジリングを付けた私たち上之町メンバー全員で「せっかくだから記念の写真を撮ろう」と撮影した1枚です。写っているのはメンバー総勢約２００人で、かなりインパクトの強い写真が撮れました。よく見ると、一人ひとり腕にオレンジリング（写真は白黒ですが）を付けているのが分かります。振り返ってみると、だんじり祭でここまで大規模な集

**2014 年、だんじり認知症サポーター 200 人誕生**

合写真は撮ったことがなかったような気がします。ちなみに、「広がれ　認知症サポーター」と書かれた横断幕は、泉大津の地域包括支援センターが事前に作ってくれていたものです。

この集合写真は認知症支援の啓発力が極めて強く、その後、数年間あらゆる認知症啓発場面で使っております。この集合写真をSNS等でたまたま、目に留め、想いを募らせてくれていたのが大阪岸和田市でRUN伴の大阪支部の代表をされていた琴真由美さんです。私は2015年、濱八町の他の7町にだんじり認知症サポーターが広がるようにサポートしていましたが、ＲＵＮ伴の活動をＳＮＳで初めて知り、上之町のだんじり認知症サポーターでＲＵＮ伴に参加するのは今後の啓発の意味でも面白いなと思っていました。当然、琴さんのことも全く知らないときでした。

ＲＵＮ伴（RUN TOMO-RROW／らんとも）とは、認知症の人とその家族や支援者（サポーター）、一般市民の参加者が一緒にタスキをつなぎ、日本各地をリレーして縦断する、認知症を啓発するイベントです。ＮＰＯ法人認知症フレンドシップクラブが運営しています。

２０１１年夏、北海道（函館からスタートしゴールは札幌）からはじまり、毎年距離を伸ばし２０１５年には北は北海道北見市から南は福岡県大牟田市まで３０００㎞を約８０００人でつないでいます。さらに新型コロナパンデミック直前の２０１９年の開催では北海道稚内市を６月にスタートし11月の熊本県熊本市まで36都道府県１万９４４６人のランナー（うち２０３５人の認知症当事者）が参加し、タスキをつないだ地域は５０３市町村（全市町村数の１／３）となり過去最高となっています。

それぞれの地域で、これまで認知症の人と接する機会がなかった一般住民と、認知症の人や家族、認知症サポーター、医療福祉関係者が、少しずつの距離をタスキでリレーしていきます。これまで認知症の人と出会うきっかけがなかったため、認知症の人へのマイナスイメージをもってしまいがちな地域の人々も、一つのゴールをめざして自身のスピードでつなげていく、喜びや達成感を共有することを通じて、認知症の人も地域でともに暮らす大切な隣人であることを実感できます。

それから半年ほど経った2015年4月頃、私の医院に一人の客が訪れてきました。この女性が琴さんでした。私が午前の診療を終える頃に、医院に突然、面談の希望で受付に来られ、名刺を事務員に渡されました。事務員が診察室の私のところに名刺を持ってきました。そのとき、私は大変失礼ですが名刺をしっかり見ないまま、どこかのセールスかと勘違いし、また昼から行くところがあるので、お断りするように事務員に伝えました。あとで名刺を確認すると、正にRUN伴の話の渦中の人でした。そこでこちらから名刺の連絡先に連絡し、後日お会いすることになりました。当時の失礼な話ですが、琴さん

RUN伴上之町だんじりチーム

とは、このエピソードを懐かしい初対面の話として今も話しています。

２０１５年8月、北海道でスタートしたタスキリレーが10月、大阪府南部は早朝（ほぼ未明）、和歌山からスタートしたタスキが、岸和田市から忠岡町に届きました。前年の２０１４年に上之町でだんじり認知症サポーター２００人が誕生しましたが、翌年このＲＵＮ伴リレーに上之町だんじり関係者と町内にある、「小規模多機能ホームあずさ」の入居者、スタッフの方々数人と一緒に総勢20人以上で参加しました。

この日はちょうど、濱八町だんじり祭の本祭の１週間前の日曜に当たり、午後から祭りに向けての試験曳きの日と偶然重なりました。この偶然も今振り

**RUN 伴の旗とだんじり認知症サポーター**

返るととても運命的であったと思います。

上之町地車会有志のRUN伴メンバーは法被に地下足袋の祭り装束で、法被の下には毎年デザインが変わるオレンジのRUN伴Tシャツを着て、手首にはオレンジリングを着けて参加しました。大津川橋を渡り、隣の泉北郡忠岡町役場に第一グループ5人がタスキを受け取りに行きました。大津川橋を再び渡り泉大津市に入ると上之町おてんのう公園を拠点に第二グループがだんじり祭の主要曳行コースである大連合を皆でゆっくり走りました。だんじり衣装で「そーりゃー」と祭りの掛け声と笛に合わせ、ピンクの参加者の名前をサインしたタスキを交代で首にかけて走りました。忠岡町役場、おてんのう公園、大津神社鳥居前、他町の開けている地車小屋前などで記念写真をみんなで撮ったり、認知症の人と支援の啓発をしたりしながら走りました。参加した全員が笑顔でゴールし達成感を共有しました。

ＲＵＮ伴への泉大津市での参加は初の試みであったため、「試験」とはいえ実際にだんじりが走るので、見物客も数多く見に来ます。まさにそのタイミングで、だんじりメンバーの有志がＲＵＮ伴オリジナルデザインのオレンジＴシャツを着て走れば、目立つことは間違いないのです。ＲＵＮ伴にとっても、だんじり認知症サポーターにとっても、泉大津市民へのＰＲ効果は抜群です。

そこで、オレンジ色に白抜き文字で「ＲＵＮ伴」と書かれた大きめの旗を製作することにしました。妻に頼んで自前で作成し、タスキリレーに花を添えました。当日、この旗を振りながら走れば、それを見た人は「ＲＵＮ伴」ってなんだろう？と思ってくれるはずで、各自スマホで検索してもらえれば、ＲＵＮ伴の趣旨を理解してくれるのではないかと期待しました。

## ２０１５年、だんじりサポーターの輪がさらに広がる

私たち「だんじり認知症サポーター上之町チーム」と「ＲＵＮ伴」のコラボが実現した２０１５年は、だんじり祭の本番でも、さらにうれしいニュースが増えました。

泉大津だんじり祭では合計20台（現在は19台）のだんじりが市中を曳行されますが、大きく分けると2つのグループで行われています。大津神社を氏神様とする「濱八町」の8台と、泉穴師神社、曽禰神社、助松神社を氏神様とする「十二町連合」の11台です。「十二町連合」のだんじりは岸和田と同じ「下だんじり」で、「かちあい」は行わず、交差点を直角に曲がる「やりまわし」が見ものになります。

だんじり認知症サポーターが誕生した２０１４年は、私が所属する「濱八町」の上之町チーム総勢２００人だけが認知症サポーターになり、オレンジリングを付けて祭りに参加したのもウチのメンバーだけでした。ところが、その翌年の２０１５年には、同じ濱八町に属する残り7町、すなわち元町・出屋敷町・上市・宮本町・田中町・下之町・西之町でも、「自分たちも認知症サポーターになり、オレンジリングを付けてだんじり祭を盛り上

げよう！」と気運が高まり、7町の有志約700人が認知症サポーター養成講座を受講してくれて、だんじりサポーターが一気に900人にまで増えたのです。このたった2年間でだんじり認知症サポーターを爆発的に増員できたことが、その後の泉大津市の認知症施策の啓発とサポーターの増員につながった原動力であると考えています。その後10年間にわたり、このだんじり認知症サポーターの地域への活動へとつながっていきました。

翌年、2016年には、濱八町の各町から3～4人の認知症サポーター有志に参加してもらい、濱八町だんじりチームとして濱八町全体でRUN伴に参加しました。この流れをスムーズに準備できるようにと、2016年度、濱八町祭礼役員会のメンバーとして、私を上之町からプラス1として別枠で企画広報委員会のメンバーに招聘《しょうへい》していただきました。このとき、主に関わっていただいたのが私と同じ上之町から出向いていた祭礼企画広報委員長の浦田義廣さんでした。このRUN伴がきっかけで2016年から2022年の7年間、祭の運営に関わる祭礼役員会に復帰（過去に3年間祭礼会計を経験）させていただくことで、絶好の立ち位置でだんじり認知症サポーターの拡大、啓発の場としてその後現在まで続いていきました。このことは大変、幸運で大きな意味を持ちました。

２０１６年のＲＵＮ伴は午後の試験曳行時に8町全町でＲＵＮ伴8旗を準備し、だんじりの後方で、交代で振ってもらいました。昼前に各町代表者３～４人（総勢30人前後）と参加メンバーが増え、にぎやかに大連合コースをタスキでつなぎました。前年度の上之町だんじりチームと同じく、午後からの試験曳行でＲＵＮ伴の8旗を各町で振ることで、濱八町だんじり認知症サポーターおよび祭礼関係者全員でＲＵＮ伴に間接的に参加したことになります。

２０１８～２０１９年度のＲＵＮ伴は、大阪南地域の日程が10月下旬に変更となったため、２０１８年は祭りの試験曳きの日（9月30日）に例年通り濱八町だんじりチームだけで開催し、ＲＵＮ伴本番の10月28日（日）はだんじりチーム有志で2本立てで参加しました。２０１８～２０１９年のＲＵＮ伴は泉大津市はだんじりチーム含めたワンチームで泉大津市を広域に走り距離も伸びました。多くの参加者で高石市までタスキをつなぎました。ＲＵＮ伴の開催日が10月後半になり泉大津市全体が１チームで参加をしましたが、だんじり認知症サポーターを含めその参加者は100人を超える市内でも大きなイベントとなりました。

RUN伴のイベント開催は地域と全国をタスキでつなげる広域な融合と、各都市・市町村のそれぞれの地域社会で認知症の人や家族、支援者と一般市民とが、一つのゴール、言い換えれば近未来のバリアフリーの街に向けての共存・共生社会の実現を体験し実感するものです。RUN伴泉大津の名称、『RUN伴泉大津ブリッジ』（実行委員会委員長　川端徹）は正に、そうした想いをつなげるという意味で大きな価値がありました。その後の市の認知症施策に対しての市民活動としてポテンシャルの高さが多方面で評価されたと思います。

2020年は新型コロナ禍で中止を余儀なくされ、2021年、2022年度はRUN伴実行委員会メンバーと有志を中心にリモートハイブリッドで「想いつながれ泉大津ブリッジ」の名称（コロナ禍でRUN伴の名称は使用できず）で開催しました。一隅を照らす庵（川端医院多目的ホール）を拠点（スタート）として、FMいずみおおつ（Dr.・トオル認知症カフェのパーソナリティー　笹井菜摘氏）の生放送でのスタートの号令で第一走者が走り出しました（2021年度）。グループホームあびこ、ローズガーデン条南苑（特別養護老人ホーム）、シープラ（泉大津市図書館多目的ホール）等を中継地として認知症の人、ご高齢の施設入居者、認知症サポーター、認知症の多職種専門職の方々でRUN伴の志と想いをリモートでつなぎました。

2015年、泉大津市で初めて、上之町だんじりチームで参加したRUN伴。地域包括支援センターや泉大津市内の認知症サポーター・キャラバン・メイトを中心とする多くのRUN伴メンバーとともに協動し、2019年のRUN伴泉大津ブリッジに至る泉大津市の認知症支援の活動や啓発の一助となり、多くの一般市民の方々に活動への口火を切ったのは、「だんじり認知症サポーター」であったと私は考えています。

さらにだんじり認知症サポーターの取り組みは、一介の脳神経内科医に過ぎない私がFMラジオでパーソナリティーを務めるという、普通に考えればあり得ない体験をもたらすことにもなったのです。

## 啓発発信の場〜FMいずみおおつ「Dr．トオルの認知症カフェ」

「誰にでも発症する可能性がある認知症。でもいまひとつよく分からないので、「だんじり認知症サポーターの輪」発案の川端徹先生が、リスナー様の疑問にやさしくお答えしますし、認知症について正しく知って、オレンジリングの輪を広げていく番組です」と毎週木曜日夜8時からパーソナリティーの笹井菜摘さんの耳に心地よいやさしい声が、FMラジオ85・5MHzから生放送で聞こえてきます。「Dr．トオルと笹井菜摘がお送りする『ラジオ認知症カフェ』です」と言っていたのも懐かしい思い出です。

2021年の番組後半期からは、隔週で浅野誠治さんにも加わっていただき3人での放送となりました。軽快な口調で明るい声の浅野さんは新しい息吹を番組に与えてくれました。スマートフォンの無料アプリ『FMプラプラ』をダウンロードし、FMいずみおおつを選択すると、全国どこでも生放送で聴けることも大きなメリットでした。この番組はFMいずみおおつが開局した2017年12月24日の翌年、2018年2月1日からスタートし、2023年1月26日までの丸5年間一度も休むことなく生放送されました。

FMいずみおおつ「Dr. トオルの認知症カフェ」スタジオにて

コミュニティＦＭは地域密着の性質上、番組を「聴く」という一方向性ではなく、両方向性の参加型ＦＭであり、生放送という特性もあります。例えばパーソナリティーを通じて、番組内でリスナー同士のコミュニケーションがとれたり、メッセージを送るとほぼ１００％番組で読んでもらえたりもします。時間や移動の制約がなく、バリアフリー構築のため絶好の発信源となります。ＦＭいずみおおつは株式会社運営であり、コマーシャルや番組スポンサー料などで賄っているところが、運営継続は無論のこと、地域を巻き込んだ好循環の流れになっているようです。

「Ｄｒ．トオルの認知症カフェ」という番組の名称は、笹井菜摘さんからレギュラー番組の相談があったときからすでに準備されていました。冒頭の「誰もが発症する可能性のある認知症……」の番組案内テロップにも惹かれ、オリジナル番組を引き受けることにしたのです。

スタート当初は、生放送のため日常の仕事をしながら継続できるかどうか不安もありましたが、笹井菜摘さんという心強い助っ人がアシスタントに付いてくれたことで、なんとか番組を続けることができました。蓋を開けてみるとスタートからの勢いのまま結局一度も放送を休むことなく5年間番組を継続することができたのです。

実は、このオリジナル番組がスタートする1年前から運命的な伏線がありました。2017年1月からFM大阪（OH）で毎週木曜日の夜に「アサキチのぬかるみアワー」という30分番組が1年間放送されていました。「アサキチ」とは私の高校時代の同級生で50歳を過ぎてからミュージシャンとしてプロデビューしている人物です。同級生との飲み会のときに番組の後半6カ月のスポンサーになってくれないかと彼に頼まれたのです。私は家に持ち帰って妻に相談すると、返事を一旦保留にしました。実は当初は断るつもりでした。妻に相談すると必ず反対されるので断る口実になると簡単に考えていましたが、なぜか妻は意外にも「いいんじゃない」と即答してくれたのです。

こうして私は友人のラジオ番組のスポンサーとなることになりました。番組の冒頭や間に数回コマーシャルを流すのですが、単に川端医院のコマーシャルをしても面白くないので、「この番組は、だんじりを通じた認知症サポーター活動を支援する川端医院の提供でお送りしています」とテロップを流しました。さらに幸運だったのは、FM大阪に打ち合わせに行った際に、番組に関わっていたクオリティー部門の部長も実は高校の同級生だったのです。彼は「川端が地域でこんなボランティア活動をしているのなら、FM大阪でもサポートしましょう」と言ってくれました。そして谷口きよこ（キヨピー）さんや大塚由美さんなど局でも有名なパーソナリティーの番組に出演させていただき、だんじり認知症サポーターの輪の紹介や拡大のための啓発をすることができたのです。

このFM大阪のアサキチなどの番組の熱心なリスナーで、のちにラジオパーソナリティーとなったのが笹井菜摘さんでした。彼女がFMいずみおおつのオリジナル番組の依頼のために私のところに話を持ちかける流れはとても必然的だったのです。

アサキチのぬかるみアワーのオープニング曲でもあった彼の代表曲「A Moment in the Park」をFMいずみおおつ「Dr．トオルの認知症カフェ」でもオープニングに流しました。このオープニング曲の選定に当たって、実は私も笹井さんもそれぞれ個々に、この曲にしようと思っていて、偶然にも一致していたことに大変、驚きました。
A Moment in the Parkはいつまでも泣いてないで、こっちを向いてよと見守り、励ますリズミカルで明るい曲で、認知症カフェの番組にもふさわしい内容です。認知症当事者は発症初期に、気持ちが落ち込んで「うつ」の状態になりがちで家に閉じこもる方も少なくありません。そのような当事者の方に呼びかけるかのような曲です。アサキチに許可をもらい5年間オープニングテーマ曲として使用しました。アサキチ本人にも番組に2回ゲスト出演してもらい、コロナ禍には自宅からリモート出演し、即興で曲を披露してもらいました。

番組の内容は、ますます増えている認知症という病気について、市民の皆様に正しく理解してもらうために認知症の方を介護しているご家族への正しい対応の仕方を話したり、リスナーの方からの質問に答えたりしてきました。またデイサービスや高齢者施設の介護専門職員、ケアマネージャーや介護福祉士、社会福祉支援員、地域包括支援センターの保健師など、実際に最前線で直接関わっている専門職の方々にゲスト出演していただきました。

番組では認知症についての基本的な知識についてリスナーの方々と一緒に学んだり、新聞記事等で認知症関連のホットな話題を見つけては番組内で紹介したりしました。

さらに認知症サポーターを増やすために市内で開催されるサポーター養成講座や、私が企画した養成講座やだんじり祭と認知症支援の講演会の開催のアナウンスなどラジオを通じて行い、認知症関連を含めさまざまな地域のイベントの案内、開催されたイベントの報告や感想などをラジオでその都度伝えていました。

## 各町のだんじり認知症サポーターの番組ゲスト出演「いわゆる数珠つなぎ」

2014年から数年間で泉大津濱八町と十二町連合会の各町だんじり関係者に認知症サポーターとなってもらっていたので、だんじり認知症サポーターとして濱八町を中心に十二町連合会まで2~3人ずつの各町青年団、若頭、世話人等に8月~10月の祭り直前や直後まで番組に出演してもらいました。いわゆるこの数珠つなぎは2018年、2019

年、２０２２年とコロナ禍の2年間を除く3回行いました。自町のだんじりや彫刻、太鼓の町独自のたたき方や実際の曳行についての町自慢の話ばかりでなく、だんじり文化の継承や地域でのボランティア活動、町のゴミ拾い活動や子ども祭り、盆踊り大会の開催などのお話もたくさん聴かせていただきました。この数珠つなぎを行うと祭り本番に向けてオレンジリングへの意識が高まり、だんじり認知症サポーターの輪がぎゅっと一つにまとまります。オレンジリングを着けてだんじりを曳行し、市民の方や市内外に啓発、アピールすることにつながる流れとしてもかなり機能しました。

つながりを実感したのはだんじり曳行が全くできなかったコロナ禍のあとの泉大津市全町のだんじりが一斉に曳行するパレードです。市制80周年記念行事として、２０２２年、祭り前の9月23日祝日に行われましたが、多くのだんじり認知症サポーターがオレンジリングを手首に着けてパレードでだんじり曳行を行ってくれました。ＦＭいずみおおつの番組でも協力を求めパレードをオレンジリングでオレンジ色に染めようと声をかけたのです。また各町関係者や町民の方々にも案内用チラシを配りました。このだんじりパレードにおけるオレンジリング啓発活動の取り組みは産経新聞や毎日新聞にも取り上げられました。

ゲスト出演者はあらかじめFMいずみおおつのFacebookホームページで予告し、終了後は番組内容のエッセンスを毎回、同ホームページに集合写真や放送中に紹介した資料や案内チラシとともに掲載し、番組をSNSで繰り返し配信しました。

## FM番組とRUN伴のタスキリレー

RUN伴タスキリレーをFMいずみおおつでリアルタイムで案内したり、コロナ禍でハイブリッド開催したりしたときは、FMいずみおおつで笹井菜摘さんが昼間の番組を担当し、FM局から生で発せられた彼女の号令に合わせてリレーをスタートさせました。「RUN伴いずみおおつブリッジ（泉大津RUN伴実行委員会）」のメンバーにも番組出演を何度もしていただきました。番組放送中にFM放送局の前の通りに、RUN伴メンバーが応援に駆けつけてくれて、道路越しに手を振っていただいているのがスタジオから見えると、こちらも手を振りながらマイクを通して感謝を伝えました。

RUN伴メンバーを含め、多くのリスナーの方々からのリアルタイムのメッセージは番組を生きたものとして活性化してくれたのです。親や身内の認知症の介護で悩まれて、相談されるメッセージも何度もあり、ＦＭラジオでお答えしました。

## コスガ聡一さんのご出演と番組取材

朝日新聞の認知症啓発サイト「なかまぁる」の専属カメラマンであったコスガ聡一さんとの出会いは、Facebookでつながり、２０１９年に、だんじり認知症サポーターのことをぜひ取材したいとのことで泉大津市に足を運んでいただいたのがきっかけです。

コスガさんは、全国の認知症カフェを自身の足で訪問、取材し、写真撮影を行っていて、ホームページにも全国の津々浦々の認知症カフェが検索できるようにしていました。そして、２０２０年7月には、『認知症カフェガイドブック』（クリエイツかもがわ）なる、様々な認知症カフェを体系的に分類したものとしては、たぶん日本初の書籍を発刊しています。多くのカラー写真を掲載した楽しく読みやすい書籍となっております。

コロナ禍の２０２０年7月にコスガさんはＦＭいずみおおつの「Ｄｒ．トオルの認知症

コスガ聡一氏　取材とゲスト出演

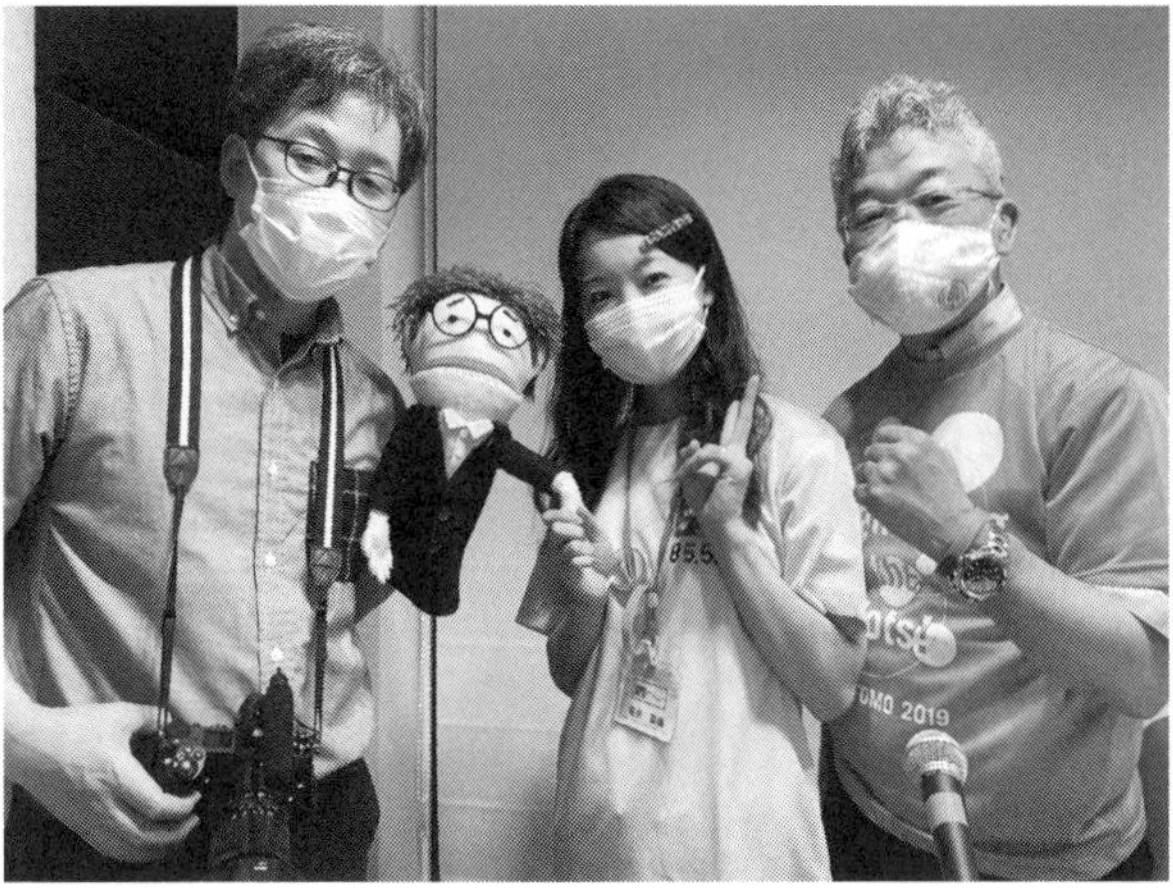

カフェ」の番組に取材とゲスト出演していただきました。全国を取材されているだけあって、フットワークが軽く、FM番組もたいへん楽しい放送ができましたし、ぬいぐるみのコッシーとの4人の写真も懐かしいです。なかまあるに写真とビデオ映像をご掲載いただき、だんじり認知症サポーターとFMいずみおおつの番組のコーナーは現在も、そのホームページで閲覧することができます。ぜひ、一度ご覧になってください。コスガ聡一さんいわく、「だんじり認知症サポーターの輪は、まさしく認知症カフェです」と言っていただいたのは、意味深い表現の仕方であって、いまでも印象に残っています。コロナ禍、多く

の認知症カフェがままならない状況で開催に苦慮している中で、「Dr．トオルの認知症カフェ」はオンエアで常に発信し続けていることにお褒めの言葉をもらったのです。制限の多いコロナ禍で、今できることを自分なりに続けることの意義を見いだすきっかけとなりました。

## Dr．トオルの認知症カフェと一隅を照らす庵（オンエアー認知症カフェとリアル認知症カフェ）公開放送について

２０２０年1月23日木曜日の放送は番組１００回記念として一隅を照らす庵にて公開放送を行いました。「エアー認知症カフェとリアル認知症カフェが百一回放送日に一つになる」のうたい文句で開催されました。「一隅を照らす庵」とは川端医院の多目的ホールで平日午前中は医院の第2待合室として使用し、毎週金曜日午後には認知症カフェ（現在は月1回第3月曜日午後開催）を行っておりました。公開放送ということで事前にＦＭいずみおおつの番組やFacebook等、ホームページで案内し、チラシも配布しました。当日

は、玄関に入れないほど多数の方々に参加していただきました。集まっていただいたリスナーの方々、ＦＭいずみおおつのスタッフと撮影した記念写真は5年間の番組終了時のクラブマガジン（２０２３年1～3月号）の特集「Ｄｒ．トオルの認知症カフェ座談会」にも掲載されました。

**FMいずみおおつ公開放送（一隅を照らす庵にて）**

ＦＭいずみおおつ「Ｄｒ．トオルの認知症カフェ」と「一隅を照らす庵」でのイベントは、両輪の関係性で番組最後まで連携して認知症関連イベントやＲＵＮ伴、だんじり認知症サポーターの取り組みを行ってきました。

この多目的ホールの「一隅を照らす庵」の名称の由来については、私にとって深い思い入れがあります。ＦＭの番組内でも何度か紹介しており、ご存じの方も少なくないかと思いますが、京都市と滋賀県

一隅を照らす庵

大津市にまたがる比叡山延暦寺、天台宗の伝教大師最澄の教えで、「一隅を照らす、これ即ち国宝なり」という言葉があります。私の母校である滋賀医科大学の生理学教室の恩師の先生が、定期配布される大学の同門会誌に卒業生全員に向けて書かれた文が掲載されていました。それは先生の訃報の報告と一緒につづられた先生の辞世の言葉でした。実は他界される少し前、長浜赤十字病院での勤務時代ですが、地域のかかりつけ医向けの研究会で私が講演した際、直後に先生が私の方にゆっくり来られて声をかけていただき握手を求められました。豪快でかっぷくのいい先生の面影はそこにはなく、名乗っていただいて、はじめて先生と分かるほど痩せておられました。その当時の光景と、その後、送られてきた同門誌の先生の言葉がずっと印象に残り、自分の部屋の壁にそのコピーを張っていました。多目的ホールの

名称を決める際に、「一隅を照らす、これ即ち国宝なり」に、ちなんだ名称にしようと思案しましたが、なかなかこれにつながる名称が思いつかず、当院のスタッフに「先生、まだホールの名称決まりませんか？」と内覧会直前に言われるほどでした。結局、「一隅を照らす」の語尾に「庵」を付けたら、何とこれが素晴らしいと自負できる名称となりました。今では皆様に親しまれ「一隅庵」と呼ばれています。

先生の辞世の言葉（全文）を以下にご紹介いたします。

「本学で学んだ方々への期待を述べさせていただきます。開学後間もない頃、校旗、校章のデザインを専門家に依頼しました。その時、滋賀県に縁の深い伝教大師の教え、即ち、『一隅を照らす、これ即ち国宝なり』を表すものと決まりました。人は暗闇の中でじっとしておれない。それで、明かりを求める。本学で学んで世に出る君たちが小さいながらも明かりを灯す人であってほしい。他人の幸福を願い、『また明日があるよ』と言って、日々の戦いに疲れた人々を励まして下さい。君達ならきっとできる。人の世の暗さに明かりを灯すことが。君達と酒を酌み交わした日々は忘れません。あのとき熱っぽく夢を語ってくれた君達に私の姿を見ました。私がいなくなっても、嘆くことはない。いつも私の中に君達が、君達の中に私が生きているから」

## 産経新聞社の取材

新型コロナパンデミック直前の2019年9月に、「Dr．トオルの認知症カフェ」に、産経新聞社の取材がありました。各町のだんじり認知症サポーターの数珠つなぎで、濱八町の下之町のだんじり関係者にゲスト出演してもらった時です。私は取材で新聞に掲載してえもらえるとのことで、雰囲気を出すために上之町の法被を着て生放送を行いました。また、FMいずみおおつの番組と同時に、敬老の日にテクスピア大阪小ホールで開催された、だんじり講演会「だんじり祭と認知症支援」（第一部）での認知症サポーター養成講座の模様も新聞に掲載してもらいました。

## 柴田淳「あなたとの日々」とだんじり認知症サポーター

笹井さんからオリジナルレギュラー番組の依頼があったときに、「番組でかける曲は何

## 2019年9月28日付　産経新聞より

20190928　土　大阪本紙夕刊　夕刊　夕1面　産経新聞大阪

大阪の秋を彩るだんじり祭りを通じて、認知症の人や家族を地域で支えようという活動が、大阪府泉大津市から広がっている。その名も「だんじり認知症サポーターの輪」。医師の川端徹さん(56)が5年前に提唱し、参加者は2千人を上回った。だんじりを中心に世代を超えて結びついた住民たちが、みんなで見守る仕組みづくりを目指している。

（小野木康雄）

# だんじりの輪　認知症支え

## 証しのオレンジリング　泉大津発2000人見守り

だんじりを通じて認知症支援を呼びかけている医師の川端徹さん（手前）。FM番組で啓発も行っている＝大阪府泉大津市

### FM番組で啓発

「ぜひ『オレンジリング』を着けて、町内を回ってくださいね」

9月19日夜、泉大津市にある「FMいずみおおつ」のスタジオから、川端さんの柔和な声が流れた。昨年2月から続く人気番組「Dr.トオルの認知症カフェ」。毎週木曜の午後8～9時、女性パーソナリティーと生放送で、認知症の啓発に取り組んでいる。

オレンジリングは、認知症の人らを支援する「認知症サポーター」の証しで、ゴム製の腕輪。この日は法被姿の川端さんをはじめ、ゲスト出演した下之町のだんじり関係者3人も、手首にはめてオンエアに臨んだ。

その一人で青年団長の竹下義人さん(26)は「青年団が着ければ、若い子が認知症の人を気にかけるようになるし、支援について広く知ってもらうきっかけにもなる」と話す。

### カッコいい貢献

川端さんは泉大津市で内科・脳神経内科の川端医院を営む。父の後を継いで平成20年に開業医となって以降、認知症の高齢者を多く診察してきた。

認知症の人が住み慣れた地域で安心して暮らすには、周囲の協力が欠かせない。そこで川端さんが注目したのが、毎年秋に市内の8町が参加して行われる「泉大津濱八町だんじり祭」だった。

自身も物心ついたときには、祖母に連れられてだんじりの綱を引いていた。子供から高齢者まであらゆる年代が参加し、年間を通じて寄り合いがある「町人組織」の長所を、身にしみて理解していた。

26年に地元の上之町で協力を呼びかけたところ、約200人が認知症サポーター養成講座を受講。全員がオレンジリングを着けて祭り本番に臨み、注目された。すると、翌年には8町全体が参加したという。

「若者にとっては、目立つし『ええことやってる』と思える。カッコいい社会貢献なんです」

現在では隣の忠岡町や和泉市、岸和田市など、だんじりにゆかりのある7市町にも広がり、約2千人がサポーターになった。

### 積極的な支援へ

9月23日には、認知症サポーター養成講座と併せて、郷土史家による「だんじり講演会」を開催。認知症支援とだんじり祭りの両方を学ぶ機会を設けた。だんじり関係者17人が新たにサポーターに認定され、青年団の新入団員として参加していた高校1年の西林彪斗さん(16)は「認知症の人を見かけたら、助けてあげたい」と語った。

今年の泉大津濱八町だんじり祭は10月12、13の両日に行われる。川端さんは「8町の全員にオレンジリングを着けてほしい」と話し、「普段の買い物や散歩にも付き添うなど、積極的な認知症支援につなげられれば」と期待を込めた。

㊤「だんじり講演会」と併せて開催された認知症サポーター養成講座。寸劇などで正しい対処法を学んだ
㊦昨年の泉大津濱八町だんじり祭。オレンジリングを着けた手で、うちわを上げる男性の姿もあった
（川端徹さん提供）

**認知症サポーター**　認知症について正しく理解し、当事者や家族を自分のできる範囲で手助けする人々。「全国キャラバン・メイト連絡協議会」の講師が自治体などと協力して行う90分程度の養成講座を受講すれば、認定される。厚生労働省が平成17年から養成事業を行っており、今年6月末までに約1164万人がサポーターになった。

にしますか？　好まれている歌手は？」と問われました。私はサザンオールスターズ、徳永英明、柴田淳などを挙げました。菜摘さんは、「それでは番組でかける曲はすべて柴田淳で行きましょう！」と当時、言ってくれたのを覚えています。私の一押しの柴淳（しばじゅん）の曲を1番組で平均2曲流していましたので、第1回から最終回までの255回の放送で、ざっと510曲、柴淳の曲をかけたことになります。日本一、柴淳の曲をかけているFM放送番組です！　泉大津市は柴淳ファンの集積地帯（対人口当たり）となっていると思います。

なかでも柴淳の曲の中で「あなたとの日々」は、私が柴淳を知るきっかけとなった特別思い入れのある曲で、ここでは触れませんが私の中ではだんじり祭ともつながります。この曲の歌詞は認知症の人とその家族との心の絆を表現したような内容にも取れるのです。

私は番組内で、私個人の趣味やこだわりをあえてオンエアで公表することを意識しました。その理由の一つはリスナーの方々に親近感を持ってもらいたいこと、もう一つには、共通の意識や目標を掲げて、リスナーの方々の心を引き寄せて一緒になって番組を作り上げていきたいと思っていたからです。柴淳の当番組への生出演も「願い続ければ夢は叶う」と目標に掲げていました……。

### 番組ラストへのカウントダウン「認知症の本人のコトバ」の紹介

2022年11月頃から2023年1月26日の番組最終回まで、認知症当事者の言葉を紹介する企画を11回シリーズのカウントダウンで行いました。いくつか紹介いたします。

第1弾は、若年性認知症でカメラマンである、下坂 厚さんの毎日新聞一面に掲載されたコトバでした。

「祈り　その光景が　その輝きが　その笑顔が　そのつながりが　その想いが　その日常が　ずっと続きますようにとシャッターを押す　写真を撮るということは祈りである」(『記憶とつなぐ』双葉社)。私がとても気に入った詩で、毎日新聞にも掲載されていました。

第2弾は、「認知症であっても、いろいろな能力が残されているのです。社会にある認知症に対する偏った情報、誤った見方は、認知症と診断された人自身にも、それを信じさせてしまいます。この2重の偏見は、認知症と生きようとする当事者の力を奪い、生きる希望を覆い隠すものです」という佐藤雅彦さんの言葉です。

第11弾は、番組最終回でした。ＲＵＮ伴の琴真由美さんに最終回のゲストで番組に来ていただき、琴さんの就労支援Ｂ型事業所である、「やんちゃ倶楽部」の利用者のイノッチこと井之坂さんの言葉、「明るい認知症でおらんとあかんのや」（奥野修司さんの著書『ゆかいな認知症～介護を「快護」に変える人～』講談社現代新書より）がラストのコトバでした。妻や周囲のサポーターへの気づかいだと思います。実際おじさんギャグでダジャレを連発されます。

彼は岸和田で大工方としてだんじりの大屋根にも乗っていた方です。２５５回の「Ｄｒ．トオルの認知症カフェ」のラストを飾るにふさわしい認知症の本人の言葉でした。

琴さんともう一人の最終回のゲストであったアザリア介護老人保健施設ケアマネージャーの丸山喜弘さんは、ＲＵＮ伴タスキリレーの「ＲＵＮ伴泉大津ブリッジ」の主要メンバーです。番組生放送中に私と菜摘さんに泉大津ブリッジを代表して感謝状のサプライズをしていただきました。

菜摘さんが、この最終回の様子をＦＭいずみおおつ85・5のFacebookにあげてくれています。

「番組中、リスナー様から続々届くあたたかいメッセージがあり、放送後スタジオを出ると泉大津ブリッジのメンバーとＦＭいずみおおつのパーソナリティーが我々を待っていてくれて、テーブルにはのせきれないほどのたくさんの花束とプレゼントが。たくさんの方々と共に過ごしてきたラジオ認知症カフェ。たくさんの方々に支えられてきた番組でした。本当に本当にありがとうございます！　この番組を通して、みなさまの認知症に対する認識や理解が少しでも変わったのなら、我々はとても幸せです。名残惜しいですが……それでは、これからは泉大津のリアル認知症カフェ（一隅を照らす庵）でみなさんと一緒にすごしましょ～」

## ラジオ番組の最終回に寄せて

この番組は多くのリスナーさんに応援していただきましたが、特に印象深いのはペンネームＦＴｙさんです。このＦＴｙさん、実は女性３人の連名で、高齢の姉妹と、お姉様のほうの娘さんのイニシャルを並べた名前です。なぜ知っているのかというと、実はお姉様は長年私が訪問診療で診ていた患者さんです。神経系の難病を患われていて、ずっとベッドで生活していましたが、それを実の妹さんと娘さんがサポートされていました。そして、うれしかったのは、毎回番組で私が話した内容を逐一大学ノートにまとめ、認知症について勉強されていたことです。訪問診療のとき、何度か見せてもらいました。残念ながら、高齢のお姉様は、その数年後にお亡くなりになり、それ以降はご自宅にうかがう機会がなくなりましたが、それでも妹さん（娘さんから見れば叔母さん）と娘さんは二人でずっと番組を聞き続けてくれていて、最終回の一つ前の放送中に心温まるメッセージを送っていただきました。そこには毎回、記録していた大学ノートも8冊目を数えていると書かれていました。偶然にも番組パートナーの笹井さんの記録ノートも同じく8冊目であり一致していることにもたいへん驚いたのを覚えています。RUN伴タスキリレーで皆様と市内を走っているときにも、応援に駆けつけてくれていて道路の向こう側からお声をかけてくれたことも懐かしく思っております。

以下、番組最終回の1週間前に寄せてくれた、FTyさんのメッセージです。

川端先生、笹井さん、浅野さん、こんばんは。来週26日が最後の放送ということですね。

とっても淋しいです。初回の放送から最後の放送まで拝聴できることを嬉しく思っています。ノートも8冊目となっています。

この番組は、私にとって元気の出る楽しい放送でした。私ごとで恐縮ですが、スマホアプリでのラジオ番組の聴き方から始まり……認知症サポーター養成講座を受けてオレンジリングをいただき、腕にはめた時はたいへん嬉しかったです。

認知症のことは何も知らない私でしたが、たくさん学ばせていただきました。Dr．トオルの認知症カフェ、ありがとうございます。あと1回の放送をしっかり拝聴させていただきます。

その他にも多くのリスナーの方々から心温まるメッセージをいただき、5年間の番組の歴史に華をそえていただきました。本当にありがとうございました。5年間で255回の

FMいずみおおつ「Dr. トオルの認知症カフェ」最終回

放送でゲスト出演総勢135人でした。

私が気に入っている当番組キャッチフレーズを紹介いたします。

「アサキチのリズミカルなスワンプミュージックと〝柴田 淳〟の心に響く、癒やしの歌声に包まれながら、川端 徹、笹井菜摘、浅野誠治がお送りする「Dr.トオルの認知症カフェ」。ゆったり流れる一時の間に、気がつけば『認知症』のことが正しく学べ、『認知症サポーターの輪』が時空間を通じてつながります」

Dr.トオルの認知症カフェは地域の多くの方々をバリアフリーで結ぶ扇の要となっていたと思います。

FM大阪から始まりFMいずみおおつへと、だんじり認知症サポーターの取り組みがきっかけとなったラジオ番組との関わりでしたが、図らずもＦＭラジオがきっかけでだんじり認知症サポーターの知名度が向上することとなり、認知症サポーター拡大の一助となったことはいうまでもありません。

## Covid-19ウイルスパンデミックの苦悩と戦い

世界を戦慄《せんりつ》させたSARS Covid-19ウイルスパンデミックにより、地域社会の活動が止まり、だんじり祭についても2年間中止を余儀なくされました。２０１９年がだんじり認知症サポーターが大阪泉州から市内までうなぎ登りに拡大増加する勢いでありましたが、休止せざるを得ませんでした。

### (1) 祭礼関係者の感染拡大阻止の取り組みと啓発

だんじり祭をこよなく愛し、一年を祭り中心に生活している多くのだんじり関係者にとって、過去の歴史からみても2年連続祭りを行わないことはあり得ないであろう、また、新型コロナパンデミックの終息は数年は期待できないだろうと、医療者の立場から考えていました。そのため、２０２０年の祭り開催の中止が決まった時点から1年後に向けて、開催するための周到な準備が必要であろうと考えました。中止と決まった時点から来年２０２1年度の祭りをいかに感染拡大対策を入念に行うか、私の頭の中はその考えで旋回いたしました。

一つは祭り関係者が感染対策を確実に遂行できるように、泉大津濱八町祭礼と十二町連合会の全体で、新型コロナ感染対策のガイドラインを泉州地域に先駆けて作ろうと考えました。泉大津市発信で岸和田市は元より大阪府下すべてのだんじり祭、さらには全国の祭りにも利用できるガイドラインの作成です。

まず、そのガイドライン作成で多くの祭り関係者や有識者を巻き込んで、知恵を絞って作成するためのたたき台案を、上之町青年団幹部、若頭会から委員を募り、世話人の我々同級生で多くはリモートでのオンライン会議で同年11月頃から集まりました。

同級生で結成した、「だんじり認知症サポーターの輪同志会」の発信で「２０２1年度、だんじり曳行の復活を真剣に考える同志会～我々はだんじり祭で決してコロナウイルス感染拡大を起こさない！～」を立ち上げました。

地域を越えた、だんじり祭関係者と支援者の力を結集し、安全で地域にやさしいだんじり祭の復活を目指しましょう！とFacebookを通じて発信しました。

濱八町や十二町連合会の方々にも委員会に入ってもらうために2021年、年明けにチラシを作成しリモートで有志の会を開きました。有志での委員会からガイドラインのたたき台を作成し、それを濱八町祭礼委員会でもんでもらい公式のガイドラインへともっていく手はずでした。コロナの非常事態宣言もたびたび出され、祭礼委員会や各町の寄り合いすら行えない状況下で多くの関係者の連絡網は電話やメールとなり、思いや意識が正確には伝わらない状況でした。我々有志で集まったたたき台作成のガイドライン案もこれから祭礼委員会に持っていく前のリモート会議の段階で、「この集まりはいったいどこが行っているのか、濱八町祭礼委員会が行っているのか、あるいは周知しているのか」といったマイナス面の憶測が飛び交い、「どこの馬の骨がやってるんや！」とも言われました。その事態を知った私は、関係代表者に多くは電話で丁寧に説明し理解に努めました。その後、祭礼委員会が開催となり、話し合いが持たれる中、私も濱八町祭礼役員会のメンバーに入っていましたので、ガイドラインのたたき台を紹介し、また委員会の中で医療者の立場で新型コロナや感染対策、またワクチンについて委員会で繰り返し話をさせていただきました。

祭りへの参加者はＰＣＲ検査をできるだけ行い、検査で陰性の方が参加できるようにしないといけないのは当然です（少なくとも当時はそれが当たり前と考えていました）。抗原定性検査は今とは異なり感度が低く、感染初期は偽陰性（ウイルスに罹患していても検査は陰性）のことも少なくはなく、発熱や咳など症状のある方は抗原定性検査で陰性の場合でも、唾液ＰＣＲ検査を行い2～3日後ＰＣＲ陽性で新型コロナ感染と診断していました。そのため祭り前に参加者がそれぞれＰＣＲ検査を受け陰性証明をもらい祭りに参加する流れをどのようにするかと考えました。

当時、プロサッカーチームやバレーボールチームなどで、唾液ＰＣＲ検査をプール法で行うやり方があることを知りました。例えば10人ずつ唾液検体を一つの容器に集め、混ぜてその容器からＰＣＲ検査を出す。ＰＣＲ陽性と出ればこの10人グループの中にコロナ陽性者がいるはずだから再度、このグループで一人ずつ再度検査を行うやり方です。1グループ何人にするのが適正かということがありますが、ＰＣＲの検査数が減らせますしコスト面でも助かります。泉大津市も市役所で無料ＰＣＲ検査センターを立ち上げ市民の方が利用しやすいようにしていましたが、だんじり参加者全員となると一町であってもＰＣＲ検査を行うことは現実的ではありませんでした。結局、プール法も現実的には困難で案から消えました。

祭り本番が近づけば、祭り関係者、個人個人が祭り前、２週間の行動制限、自粛を行い、鳴り物等、密になる人だけＰＣＲ検査を行うことも案として出しました。またスマホアプリに登録し大阪府のソフトウエアを利用し感染者の行動を把握し拡大防止に努めるなど、祭礼役員会に書面やチラシを作成し祭礼から各町へも伝達してもらいました。

だんじり関係者が地域で中心となり感染拡大対策を徹底的に市民の方々にアピールし、「こんなに十二分に徹底した感染対策をして祭りを行っているのだから」と、市民の方々を味方につけて祭りをできるようにしないといけないと委員会やFacebook等ＳＮＳで訴えかけました。

祭礼関係者全員が十二分な感染拡大対策を励行するための啓発チラシを各だんじり関連団体の後援で作成しました。「新型コロナウイルス感染拡大を起こさないために。一人

Covid-19 感染対策啓発チラシ

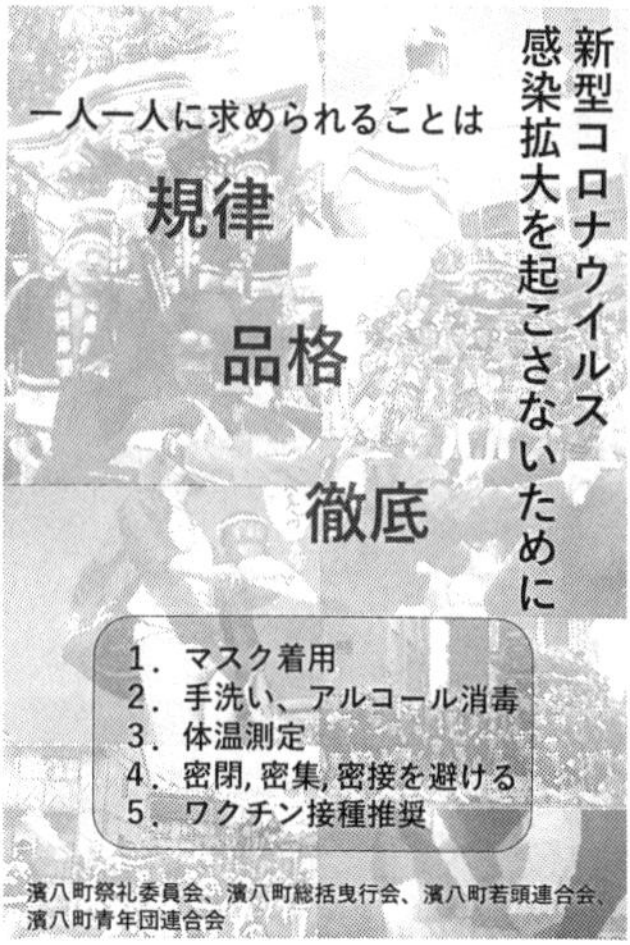
新型コロナウイルス
感染拡大を起こさないために
一人一人に求められることは
規律
品格
徹底
1．マスク着用
2．手洗い、アルコール消毒
3．体温測定
4．密閉，密集，密接を避ける
5．ワクチン接種推奨
濱八町祭礼委員会、濱八町総括曳行会、濱八町若頭連合会、
濱八町青年団連合会

ひとりに求められることは、「規律」「品格」「徹底」。各町１００枚は印刷（合計２０００枚）し配布していただきました。チラシの裏には、具体的な対策を10項目に分けて作成しました。祭礼関係者が自ら徹底して予防すること、また祭礼関係者がこのチラシを町内で配布や掲示して市民の方々に率先して啓発するように各町に伝えていただきました。

Covid-19ウイルスと対抗する手段は当初は、緊急事態宣言で人の往来を閉ざすこと、アレルギーなどが原因で接種できない人を除いた、できるだけ多くの方々がワクチン接種を行い、集団免疫を得ることしかありませんでした。接種がどうしても困難でできない人が感染しないためにも集団免疫を作る必要がありました。

感染で重症化リスクの高い高齢者からワクチン接種の順番が回り、青年団のワクチン接種は年代から考えると順番があとになるため、なんとか、祭礼までにワクチン接種2回を青年団の年齢層に接種できないかと考えました。

ちょうど、自衛隊や大阪府の大規模接種センターでのワクチン接種の予約枠が埋まらずに2～3週間無駄に流れていることをニュースやホームページで知り、この接種会場の流れる予約枠に青年団が接種に行けば、だんじり祭に参加する接種可能な年齢層がすべて接種できると考えました。集団免疫を作ればコロナ禍であってもだんじり祭が開催できる。わずか2週間の間に泉大津市役所、同保健センター、祭礼役員会の関係者と連絡を取り、私は精力的に動き回りました。青年団については、一般的に町自治会の公式団体でありま す。災害時などはマンパワーとして活動支援するため、ワクチン接種を早期に接種できる大義名分があります。まずは、大阪府全体のだんじり関係の青年団から積極的にワクチン接種をすれば、一般的に接種を敬遠していた若者の接種率が少しは上がるのではないかと、ワクチン接種の推奨啓発にもつながることを期待していました。

各町団体名簿を提出すれば接種券、クーポンを送る手はずを保健センター担当者と話し合い実施いたしました。しかし、肝心の当の青年団たちが、接種の副反応などを恐れ、接種を躊躇していることが分かりました。私の息がいちばん伝わりやすい自町の上之町青年団であっても接種希望者は1／5程度でありました。そこで私は青年団の寄り合いに、当時テレビにも出演されていた忽那賢志先生（現大阪大学医学部教授）のデータのコピーを持って説明に行きました。これが少しは奏功し接種者が20～30人に増えました。ワクチンハラスメントも当時、社会的に流行した言葉です。私も医療者の立場からはワクチン接種を多くの方に推奨して、希望者に接種していました。ただ決して強要することはなく、ワクチン接種のメリット、デメリットを個々が正しく理解し判断したうえで、接種をするようにと話しておりました。ある程度、青年団を含み、一般の若い方々もワクチン接種が進みましたが、だんじり関係者で集団免疫を得るところにまでは到達しなかったですし、その後、ワクチン接種の副反応や後遺症も報告されるようになりました。

しかし当初、アルファ株やデルタ株など重症化リスクが高く、死亡率も高かったコロナウイルスが、個人の判断で勇気をもってワクチン接種を行った多くの全世界の人々のおかげで新型コロナウイルスもその後オミクロン株に自然淘汰され感染率は依然高いものの重症化のリスクや死亡率は減少、2023年5月には感染症法上5類になり、コロナと共存する現在の社会となりました。

## (2) 社会的ハラスメント、風評被害にだんじり関係者がさらされた事実

祭り関係者に向けた社会的ハラスメントもありました。周到な感染対策を行い祭り開催に多くの方を巻き込んで準備を進めていましたが、だんじり祭に参加するのであれば、2週間出てくるなと会社から言われたり、取引先からも2週間は出入り禁止と、新型コロナの症状がなく感染しなくても出入り禁止と言われる、また家族からも家に帰らないようにと、ビジネスホテルに泊まる関係者もいると聞いていました。ある意味、社会的な風評被害ですが、こうした社会通念も致し方ないことも事実でした。

当然、だんじりを曳行するであろうと考えていた自町の上之町でさえも、世話人は団体としては祭りに参加しない、個人での参加はOK、若頭会も1/5程度の参加希望者のみ、20人ぐらいではさすがにだんじりも通常には動かせません。上之町地車会の町が二分するかの危機にさらされました。

祭礼関係者の苦悩が続きましたが、さすがにとどめを刺されたのは、子どもたちに感染

が拡大したことでした。子どもの親がいかに安心して祭りに子どもを参加させるか、アルコール消毒、三密対策など、あらゆる完全な感染対策を目指しましたが、子どもたちに感染が拡大すればこの年も祭り開催やだんじり曳行の実施は厳しくなります。8月頃の祭礼役員会で各町で多数決を行い、9月祭礼の岸和田市が祭礼中止の判断を出す前に、10月開催の泉大津では早期にだんじり曳行しないことが決定しました。結局この年も周到な準備をすることの意味もなくなりました。大津神社の宮司に各町だんじり小屋まで来ていただき、祭礼の神事だけ執り行われました。

だんじり祭を開催したときに、コロナ感染拡大を絶対に起こさないようにとの前提で、医学的な視点で感染予防対策の徹底を祭礼委員会に訴え続けているなかで先導して祭り開催に向けて動いている自分自身にも気づいていました。周囲の方々もそのように見えたかどうかは分かりませんが、あるときから葛藤がありました。だんじり認知症サポーターも祭りが動かないと啓発活動も停止していました。感染拡大対策のガイドライン作成にあたり、地域で祭りのあとで感染拡大を起こしてしまい認知症の人を含む高齢者に感染が及ばないように、だんじり認知症サポーターの輪同志会として声を挙げていましたし、ガイドラインの普及とともにだんじり認知症サポーターの輪の活動も、同時に紹介でき、コロナ禍であっても啓発活動ができると、マイナスをプラスに転じるようにとの想いもありました。

### 市制80周年記念だんじりパレードがオレンジ色に染まり、だんじり祭曳行復活へ

２０２２年9月23日（金・祝日）に泉大津市市制80周年を記念して全町によるだんじりパレードが盛大に開催されました。泉大津市の濱八町と十二町連合会の総計19町（池園町休止中）が、神社ごとの枠組みを越えた本来の曳行コースとは全く異なるコースを曳行しました。南海本線泉大津駅東側のロータリーを中心に多くのギャラリーが駅前から各沿道に大勢の市民、他市の方々で埋め尽くされました。午前中に濱八町の曳行コースを含む大津神社に穴師神社地区４町、曽根神社地区10町、助松神社１町の11町のだんじりが曳行され通常祭礼では見られない光景に多くの方々が感動し記憶に刻まれました。圧巻はアルザ通りに全町のだんじりが並び、19町の法被の関係者が入り乱れて交流したことです。また濱八町のだんじり同士のカチアイを、祭礼本番は日程が一緒のため見られない方、一度も

生で見たことがない方々にも披露され感動していました。駅ロータリーでは昼からセレモニーがあり一町ずつ紹介され花束贈呈等、南出市長から受け会場を盛り上げました。

さらにメモリアルとして市制80周年を歴史に残したのは、泉大津市のだんじり認知症サポーター1600人以上（大阪府全体では2500人）の方々が法被の衣装にオレンジリングを手首に着けてだんじりを曳行したことです。市内外にだんじり認知症サポーターを啓発し紹介できたことが大きかったです。産経新聞大阪版の紙面にカラー写真で紹介されました。80周年だんじりパレードの会長であった村田雅利氏と、この大きなパレードの計画、周到な準備から開催を運営された実働部隊である泉大津若頭連合連絡協議会の会長、武内和之氏と各町から選ばれた実行委員会の多くのメンバーのご尽力、ならびに19町全町の祭礼関係者の支援と協力があったからこそ成し遂げられた大イベントでありました。

だんじりパレード本番にだんじり認知症サポーターがオレンジリングを着けて、パレードをオレンジ色に染めてこの泉大津市発祥のだんじり認知症サポーターの輪は大阪府下はもちろんのこと日本全国に紹介する絶好の機会でありました。会長の村田氏と運営委員長の武内氏に早くから相談させていただき啓発案内のためのチラシを5000枚を全町に配布しました。

私自身は濱八町祭礼役員会のメンバーに在籍させてもらっていましたので祭礼委員会の濃緑色の法被にカメラマンの公式の腕章を腕に着け自由に動いて撮影することを泉大津市地車連絡協議会、祭礼委員会、パレード実行委員会の担当者に伝え、あらゆる立ち位置に入り一眼レフカメラのズームレンズでオレンジリングを着けた多くのだんじり関係者を撮影させていただき、Facebook等に紹介いたしました。コロナ禍本来のだんじり祭が緊急事態宣言が繰り返し発令され2020～2021年の2年間、だんじり祭（神社神事のみ開催）の地車曳行が全くできなかったですが、この2022年は新型コロナがオミクロン株に移行され市制80周年記念行事であるだんじりパレードが盛大に開催され、コロナ禍

市制 80 周年のだんじりパレード

で閉塞したトンネルからようやく出てきたことで、地域の文化、経済や産業の再開復興の気運にも乗り、多くの方々の意識の統一ができたと考えております。その後10月祭礼本番も同様の高まりのまま開催されていきました。祭りの曳行復活とともにだんじり認知症サポーター・オレンジリングの活動も復活し、冬から春となり桜が一斉に開花したような季節外れの春爛漫を、街中、全市民で迎えた感動的な思いでありました。

## ロックな壁画絵師、Ki-Yan（木村英輝氏）とオレンジリング

２０２２年にはもう一つ大きな出来事がありました。泉大津市出身で京都を中心に活躍されているKi-Yanこと木村英輝氏が幼なじみで良友の納谷長治氏とのコラボレーションで、泉大津市市制80周年記念に生まれ故郷の地元への恩返しとして、泉大津市にだんじり祭の模様を描いた、六曲一双のだんじり屏風絵を寄贈されています。泉大津市の濱八町のだんじり8町と十二町連合の12町の計20町のだんじりと曳き手を金屏風に豪華絢爛に描かれています。法被姿の曳き手の手首には、認知症サポーターの証しであるオレンジリングが描かれています。このオレンジリングについては、『泉大津濱八町地車禮讃』を自費出

版されている、だんじり彫物研究家の花内友樹氏と『だんじりそして地車』等を出版されている若林公平氏の関わりも大きいです。花内友樹氏は私と同じ上之町の世話人で、屏風絵を木村氏が京都のアトリエで描くときに若林公平氏と一緒に京都の製作現場に赴き、木村氏に直接、現在行われている泉大津のだんじり祭の描写についての情報提供を行っていました。このとき、認知症サポーターのオレンジリングの趣旨を木村氏に伝え、描写を依頼してくれていたのです。

木村氏は現在82歳。京都芸術大学を卒業し、当時日本では珍しい、来日されるロックグループの日本発のプロデューサーとして活躍され、ジミ・ヘンドリックス等、超有名なロックグループのライブ公演などをプロデュースされています。壁画を描き始めたのは60歳になってからで、代表作としては京都青蓮院門跡華頂殿襖絵の蓮三部作、広島マツダスタジアムの鯉、大阪北野病院のひまわりなどがあり、現在手掛けた壁画は国内外200点以上に及びます。多くの彼の作品は巨大な壁画作品のため、このだんじり屏風絵については、力を持て余し、次回は泉大津市に巨大な壁画制作をとの思いで、泉大津市市長の南出賢一氏に話を持ちかけたところ、テクスピア大阪1階大ホールの上部の壁に鯉とだんじりの壮大な壁画を描くことが決定しました。2023年5月より製作が開始され、多くの市民やマスコミ取材の中、6月3日にお披露目式が行われています。この壮大なだんじり壁画の曳き手にもオレンジリングが描かれ、泉大津市発祥の「だんじり認知症サポーター」の啓発の場として、新たなスポットとして注目されています。Ki-Yan作品の代表作として永代、泉大津市の歴史に刻まれるとともにオレンジリングも世代を越えて歴史に伝えてくれるに相違ありません。

［第4章］

# 交流の場の設置、地域活動への参加支援、見守りネットワークの構築……認知症サポーターによる患者のためのさまざまな取り組み

## だんじり認知症サポーターの実態

2014年9月に誕生した日本初（おそらく世界初）の「だんじり認知症サポーター」は、そのおよそ1カ月後に開催された泉大津だんじり祭で、泉大津市民の前に登場しました。

翌2015年には、だんじり認知症サポーターの数は700人になり、さらにその翌年の2016年には1200人にまで増えました。

私の町（上之町）でだんじり認知症サポーターが生まれた2年後には、泉大津市だんじり祭に関わる19すべての町でサポーターが誕生したことになります。この頃、だんじり認知症サポーターの輪は着実に広がりを見せていきました。

「だんじり認知症サポーター」。今さらですが、このネーミングに「どうしても違和感を覚えてしまう」という人が少なからずいるようです。先日も、ある関西出身の女性と話していて、「だんじり認知症サポーターというフレーズを最初に聞いたとき、何かの冗談かと思った」といわれました。彼女の頭の中では、「だんじり」というフレーズと、「認知症サポーター」というフレーズが、どうしてもうまくかみ合わないのだそうです。その人によれば、「だんじり」と聞くと「ヤンチャ・荒っぽい・喧嘩っ早い」などを連想するのに対して、「認知症サポーター」と聞くと「介護・福祉・親切・奉仕」などの言葉を思い浮かべてしまい、両者は水と油のようになじまないというのです。なるほど、確かにそういうイメージを抱く人もいるかもしれません。

実際の「だんじり認知症サポーター」は、認知症の人をサポートすることについて、どのような意識を持っているかを調査したことがあります。図6~12は、2016年に認知症サポーター養成講座を受講し、晴れて（?）認知症サポーターになった「だんじり関係者」に対して行ったアンケートの結果です。有効回答数は377です。

図6の年齢構成は、10歳代4%、20歳代19%、30歳代25%、40歳代25%、50歳代19%、60歳代3%、70歳代4%、80歳代以上1%でした。

図7「受講後、認知症について考えや印象は変わりましたか?」の問いに対する答えで、「はい」84%、「いいえ」16%。「いいえ」が意外に多い気もしますが、もしかすると

[図6]　認知症サポーター養成講座　実施後アンケート

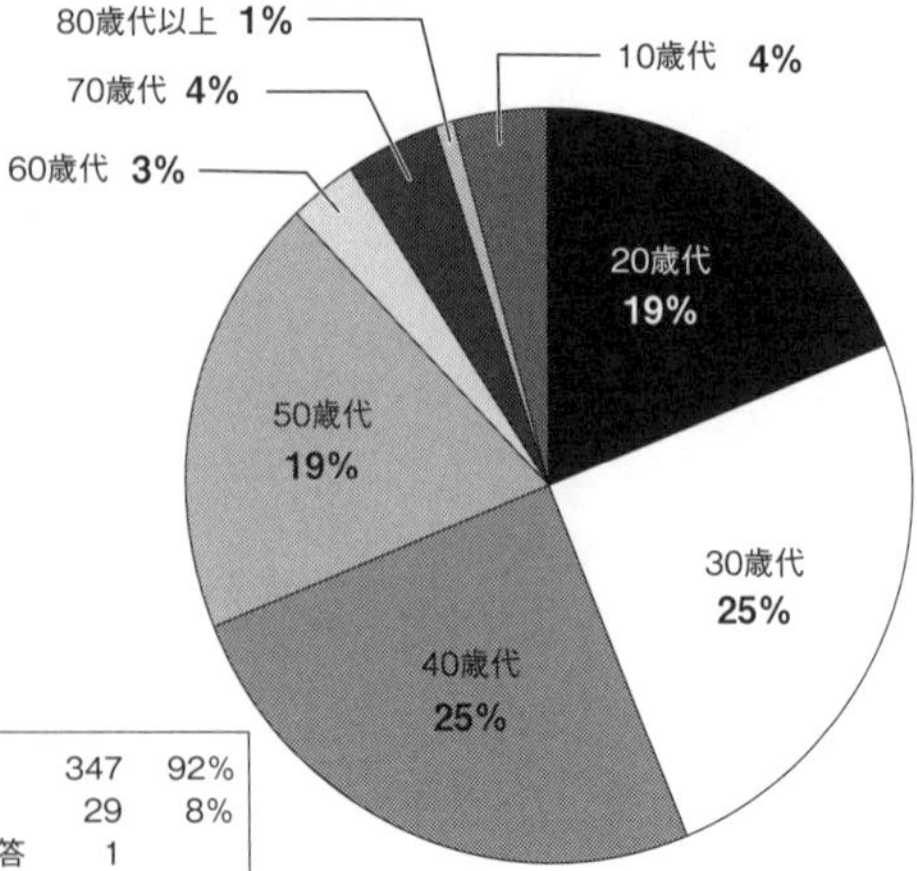


| | | |
|---|---|---|
| 男 | 347 | 92% |
| 女 | 29 | 8% |
| 無回答 | 1 | |
| 合計 | 377 | |

[図7]　認知症サポーター養成講座　実施後アンケート

●受講後、認知症について考えや印象は変わりましたか？

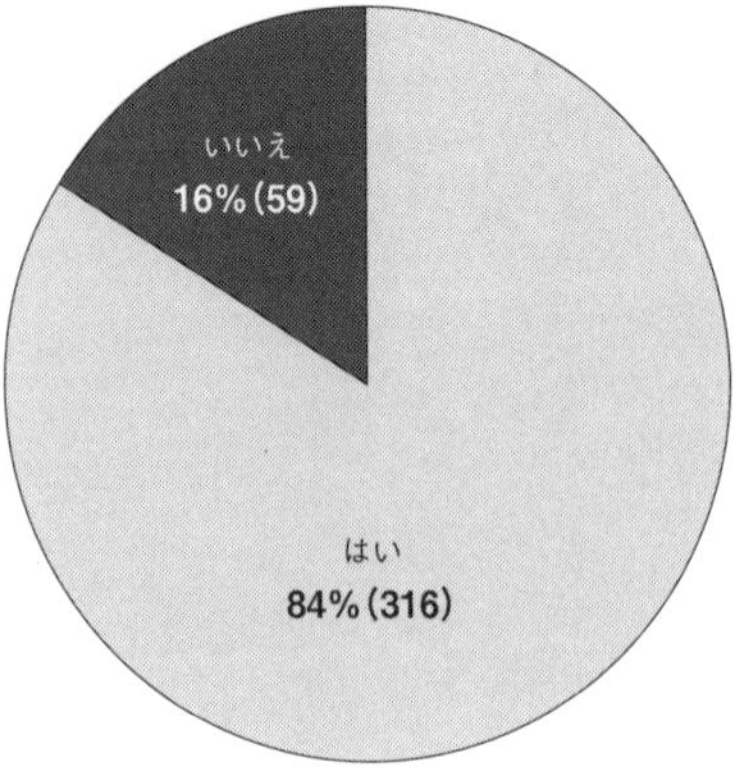


無回答　2

近親者に認知症の人がいる人なのかもしれません。

図8「受講後、気になる人を見かけた時など声がけを行いましたか？」では、「はい」が43％もいます。かなり積極的で前向きです。認知症サポート医を15年近く続けてきた私の印象でいえば、たとえ認知症サポーター養成講座を受講しても、実際に声がけなどのアクションを起こすことはかなり勇気が必要です。ところが、だんじり認知症サポーターになりたての人は、10人のうち4人以上が声がけを行ったと回答しています。これがだんじり関係者の心意気なのか、この結果を見たときは、少しだけ幸せな気分になりました。

図9「『オレンジリング』は身に付けていますか？」の問いに対する答えでは、「常時付けている」7％、「付けたことがある」77％、「付けたことがない」15％となりました。この結果には、私は「もっと付けてよ」と思いました。実は、認知症サポーターが写真におさまるときの〝決めポーズ〟があります。それは、オレンジリングを付けているほうの腕でガッツポーズすることです。私の身の回りの認知症サポーターは、オレンジリングを強調するために、たいていこのポーズで写真におさまります。

ちなみに、私はほぼ365日、右手にオレンジリングを付けています。しかし、材質が

［図8］ 認知症サポーター養成講座　実施後アンケート

●受講後、気になる人を見かけた時など声がけを行いましたか？

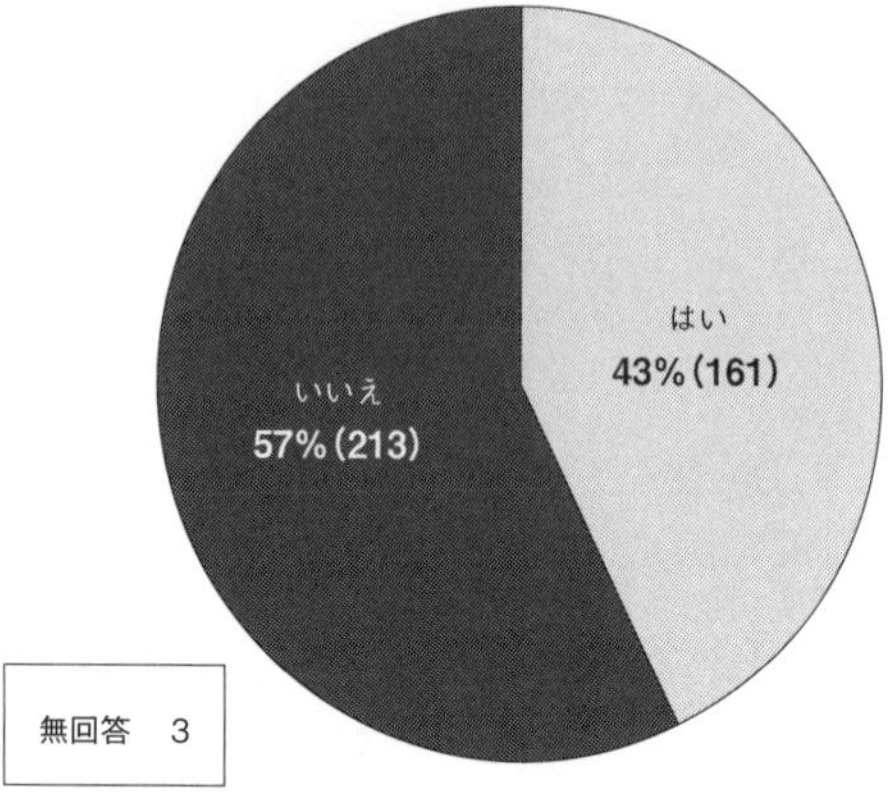


［図9］ 認知症サポーター養成講座　実施後アンケート

●「オレンジリング」は身に付けていますか？

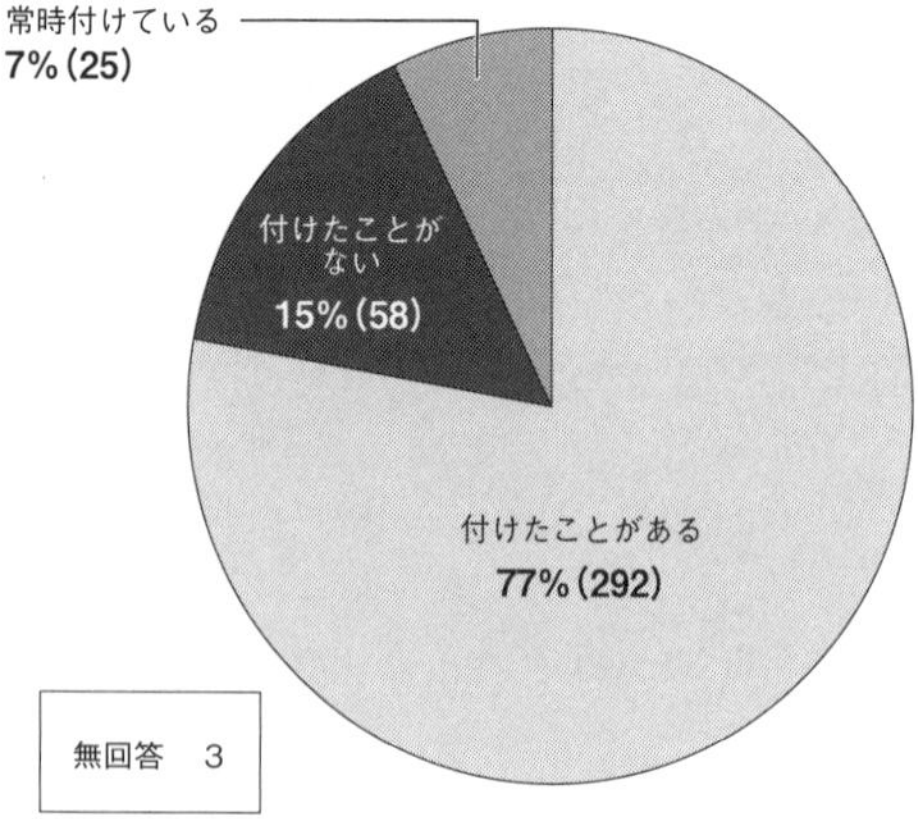

[図10]　認知症サポーター養成講座　実施後アンケート

●以下のような取り組みが開催されたことがあることを知っていますか?

・認知症カフェ　・RUN伴　・認知症フォーラム
・認知症サポーターフォローアップ研修（認知症サポーター交流会）
・啓発映画会『ペコロスの母に会いに行く』認知症初期集中支援推進事業

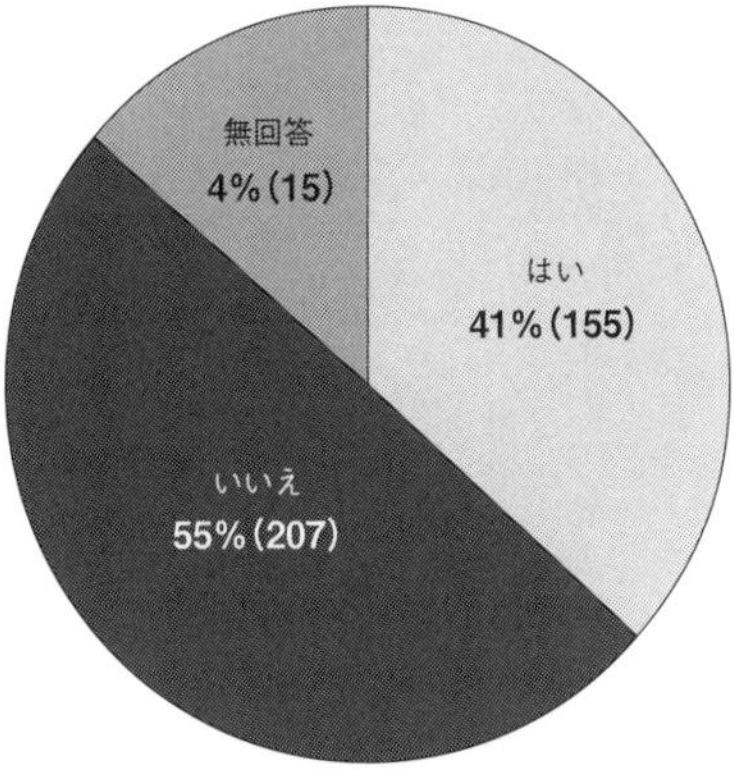


シリコンゴムのせいか、耐久性はそれほど高くありません。だいたい1～2カ月で色あせてきて、3～4カ月でちぎれてしまいます。ちぎれた場合は、その現物を住んでいる地域（養成講座を受けた地域）の地域包括支援センターに持っていくと、新しいものに取り替えてくれます。

図10「以下のような取り組みが開催されたことがあることを知っていますか?」という問いに対する答えで、「以下」とは、次の5つの取り組みを指しています。

・認知症カフェ
・RUN伴
・認知症フォーラム
・認知症サポーターフォローアップ研修（認知症サポーター交流会）
・啓発映画会『ペコロスの母に会いに行く』認知症初期集中支援推進事業

それに対して、「はい」41％、「いいえ」55％、「無回答」4％でした。質問の仕方としてはやや大雑把ですが、5つの認知症関連イベントの少なくとも1つを知っている人が半数近くいたのには勇気づけられました。一般市民はおそらく1つも知らないと思うので、認知症に対して、普段からそれなりに関心を持ってくれているのだと思いました。少なくとも、認知症サポーター養成講座をイヤイヤ（あるいは強制的に）受けさせられたわけではないのです。

「認知症カフェ」とは、認知症の人とその家族のために街中に設けられた居場所のことで、認知症の人、その家族、一般市民、認知症に詳しい介護・看護関係の人たちが気軽に触れ合い、会話や交流を楽しむための場所です。1杯100~200円程度でコーヒーやお茶が飲めますが、普通のカフェのように常設しているわけではなく、例えば1カ月に1~2日だけ、2~4時間程度開設しているところがほとんどで、開設場所としては、公民館、通所介護施設、地域包括支援センターの一角が充てられることが多くなっています。

「認知症フォーラム」は、地元医師会や地域包括支援センターが主催する、市民向けの認知症啓発イベントで、たいていは医師やケアマネージャーなどの専門家による認知症をテーマにした基調講演があり、その後複数の専門家によるパネルディスカッション、市民からの質問コーナーなどで構成されます。認知症サポーター養成講座がセットになっている場合もあります。

「認知症サポーターフォローアップ研修」は、すでに認知症サポーターの資格を持っている人が、もう一段上のレベルに上がるための研修です。認知症サポーターステップアップ研修ともいいます。認知症サポーターとして認知症の人を見守るだけでなく、実際に認知症の人の役に立つ活動がしたい、という人向けの研修です。修了後は、認知症の人とその家族の要望に添ってさまざまな活動を行う実働部隊「チームオレンジ」に他の修了者とともに参加してもらいます。

「啓発映画会」は、自治体などが主催する市民向け認知症啓発イベントの一種で、認知症をテーマにした映画の上映会です。このアンケートを実施した時期には、泉大津市で『ペコロスの母に会いに行く』という作品を上映しました。近年では『ぼけますから、よろしくお願いします。』と、その続編の『ぼけますから、よろしくお願いします。～おかえりお母さん～』が人気作品になっています。

図11の「下記のイベントで参加したことがあるものを○で囲んでください」という質問に対する回答です。回答は、「認知症フォーラム」25%、「認知症サポーターフォローアップ研修」10%、「認知症カフェ」7%、「啓発映画会」4%、「RUN伴」2%となりました。私が最も意外に感じたのは、この質問に対する回答です。複数回答ですが、「認知症フォーラムに参加したことがある」が25%にのぼり、4人に1人は認知症フォーラムへの参加経験があると答えています。ここでいう認知症フォーラムとは、泉大津市医師会、または地域包括支援センターが年に1度開催している、市民向けの認知症啓発イベントです。それほど大々的にPRしているわけではないのに、認知症フォーラムを知っているだ

［図 11］ 認知症サポーター養成講座　実施後アンケート

●下記のイベントで参加したことがあるものを○で囲んでください。
（複数回答。参加なしは省略）

| | | |
|---|---|---|
| 認知症フォーラム | 25% | 39 |
| 認知症サポーターフォローアップ研修 | 10% | 16 |
| 認知症カフェ | 7% | 11 |
| 啓発映画会 | 4% | 6 |
| RUN伴 | 2% | 3 |

［図 12］ 認知症サポーター養成講座　実施後アンケート

●どのイベントにも参加されなかった場合、その理由を教えてください。
（複数回答）

| | | |
|---|---|---|
| 時間がない | 22% | 34 |
| 知らなかった | 17% | 27 |
| 興味がない | 2% | 3 |
| その他 | 1% | 2 |
| 無回答 | | 27 |

けでなく、参加までしているのは、認知症に対して相当に意識が高いと思います。認知症フォーラムでも、イベント前半に認知症サポーター養成講座を開講することがありますから、あるいはそのときにサポーターになった人が多いのかもしれません。

図12の「どのイベントにも参加されなかった場合、その理由を教えてください」という問いかけへの答えで、多かった順に「時間がない」22%、「知らなかった」17%、「興味がない」2%、「その他」1%でした。「興味がない」がわずか2%だったことは、これから認知症に関する啓発活動を強化していくうえで、心強く感じました。「参加する時間がなくて参加できなかった」のであれば、開催する曜日や時間帯を工夫することで、より多くの市民に参加してもらえる可能性があります。また、「イベントがあるのを知らなくて参加できなかった」のであれば、認知症イベントに関する情報発信の仕方をこれから工夫していけばいいのです。

いずれにしても、認知症とはかけはなれているイメージのあるだんじりの人たちが、認知症対策について興味も理解もあることが分かります。私はこの結果を受けて、私たちの街は、認知症の人に対してもっともっとやさしくなれるのではないかと期待を持ちました。実際に少しずつですが、認知症患者にやさしい街へと変化を遂げているようです。

## 万引き犯と間違われた認知症のおばあさん

泉大津の街の変化について言及する前に、10年前の2014年当時、この街ではどんなことが起きていたのか、一つの出来事を取り上げて紹介しておきたいと思います。

その出来事は、2014年の春頃、毎月1回開かれる泉大津市の地域ケア会議で報告されました。泉大津市内で、Kさんという70代後半のおばあさんが一人暮らしをしていました。夫は10年くらい前に亡くなっていて、一人娘のEさんは近隣のX市に住んでいました。

Kさんは夫が存命だった頃から、歩いて10分ほどのところにある大型スーパーマーケットを利用していました。

Kさんは物静かな人で、一人つましく暮らしていたようです。娘のEさんは夫の会社を手伝っていたので毎日忙しく、母親のKさんと会うのは盆と正月くらい。そのため、Eさんは Kさんの認知機能がかなり低下していることにまったく気づいていなかったそうです。

その日もKさんはいつものように大型スーパーマーケットに出かけていき、いつもと同じように買い物しました。しかし、いつもと違っていたのは、レジで精算することをすっかり忘れて、商品の入ったスーパーの買い物カゴを手に持ったまま、ふらふらと店の外に出てしまったことです。Kさんが警備員に捕まったことはいうまでもありません。そのまま店長室に連れていかれたようで、所持品から娘のEさんの連絡先を調べ、「あなたの母親がウチの店で万引きしたから、すぐに来るように」と高圧的に告げたそうです。

仕事になんとかダンドリをつけ、Eさんがスーパーに到着したのはその40分後のことです。すでに警察が呼ばれていて、母親のKさんは小さくなってガタガタ震えていたそうです。本人はおそらく、何がなんだか分からなくなっていたはずです。

幸い、常習犯ではなさそうだということになり、警察署で調書を取られてから帰宅できる見込みとなりました。娘のEさんが店長に改めて謝罪すると、店長は苦虫をかみ潰したような顔で「もうウチの店には二度と来ないでください!」と言ったそうです。

Eさんはとりあえず謝るしかなかったのですが、一言も口を利けないままブルブル震え続ける母親を見て、「やっぱり、何かがおかしい」と感じ、翌日、泉大津の地域包括支援センターに相談に行きました。

地域包括支援センターでは、地域の人が生活するうえで抱える問題をケアマネージャーや介護サービス事業者やリハビリ・医療などの専門家、地域の民生委員などが集まって話し合う地域ケア会議が定期的に開かれます。この件も地域ケア会議で情報共有されました。皆、「認知症サポーターをもっと増やして、認知症にやさしい街をつくろうとしている矢先なのに……」と落胆していました。

もちろん店舗側からすると万引きは大きな損害です。しかしそのスーパーの警備員や店長が認知症のことをもう少し理解していれば、こんな後味の悪いことは起こらなかったのではないかと思うのです。

これが10年前の2014年、泉大津で起きた実際の出来事です。

この事例を機に地域ケア会議の中で、当時、ケアマネージャー連絡協議会会長の菅原氏から、認知症の人にやさしいお店マップを製作しようとの案が出されました。認知症の方や家族が、買い物時にお店を選ぶ際に有益な情報となりますし、多くのお店にマップ作製に協力してもらうことで、市内の認知症支援の啓発にもつながります。地域包括支援センター、ケアマネージャー連絡協議会等、多職種で連携してマップを作成し市内に配布しました。今振り返ると、これを契機に市内の認知症施策事業の方向性がより明確になるとともに、認知症にかかわる多職種関係者間の連携が密に団結できるようになったと考えています。そしてこの出来事から「認知症サポーターをもっと増やさなければ」という思いにつながりました。私がだんじり認知症サポーターの提案をしたのはその数カ月後で、このときみんなが覚えた憤りがだんじり認知症サポーターの実現の後押しとなったのかもしれません。

## だんじりサポーターの増加により街に起こった変化

では、認知症サポーターの数がぐっと増えたことで、わが街・泉大津の暮らしやすさはどう変わったのか、医療・介護・福祉のプロで構成される泉大津市・地域ケア会議の場で最近よく耳にするのは、「認知症サポーターの数が増えたおかげで、介護や看護のスタッフのモチベーションがすごく高まった」という話です。

認知症サポーターを別の言葉に言い換えれば、認知症理解者であり、認知症応援団になります。そんな理解者や応援団が市内で増えていけば、それまで認知症の人やその家族が感じていた「肩身の狭さ」はぐっと軽減されます。なにしろ、「今のままでいいんですよ」「今のままのあなたを応援していますよ」と、言葉やしぐさだけでなく、サポーターという存在そのものの力で伝えてくれているのです。するとそれまでなかなか感情のコントロールができず、介護する人や看護する人に対してとかく意固地になりがちだった認知症の人も、より素直に人と接することができるようになります。そうなれば、介護や看護がとてもやりやすくなって、その分モチベーションも上がるものです。

また、認知症サポーターが認知症やその家族の理解者であり応援団であるなら、認知症の人やその家族をケアしてくれているスタッフに対しても、より温かい目を注ぎ、応援しようという気運が盛り上がるはずです。つまり、介護や看護を提供するスタッフにとって、これまで「敵かもしれない」と思っていた人たちが、ほぼ全員「味方だ」と分かったわけです。自分の身の回りにいる人が味方だと分かれば、当然仕事にも張り合いが出てくるし、モチベーションだって高まるはずです。

私は今も訪問診療を続けていますが、認知症の人と接する現場へ行くと、認知症の人を取り巻く空気感もだいぶ違ってきているように感じます。全体として、認知症の人の表情がずいぶん明るくなったように感じるのです。

泉大津市は私が理想として掲げている「認知症の人にも暮らしやすい街」に近づいているのかを検証するために、高齢者や認知症の人たちと比較的身近に接している４人の泉大津市民に、認知症サポーターが増えて街がどう変わったのかを聞いてみました。

## ●こちらが乗り気でなくても川端先生の熱量で巻き込まれてしまう

岸和田自動車教習所　代表　藤原誠一さん

川端先生とは中学高校の同級生です。先生からだんじり認知症サポーターの話を聞いたのは、だんじりの祭礼委員会に話を通す少し前のこと。どうすればみんなに賛成してもらえるだろう？と相談されたので、その当時最も発言権のあった先輩の名前を出し、彼に先に話を通してこっちに巻き込んでおけば、あとから反対する人はいないと思うとアドバイスしました。委員会では、川端先生がその議案を持ち出してすぐ、みんなで拍手して、なんとなく反対しにくい空気をつくりました。

私自身は、だんじりと認知症サポーターを結びつけるのに少し抵抗がありました。祭りは祭りだし、認知症とは関係ないから。しかし、結局はいつも、川端先生の熱量にほだされ、自分も巻き込まれていってしまいます。だんじり関係者の中では真っ先に認知症サポーター養成講座を受けました。だから私が1期生です（笑）。

認知症の問題は、日々深刻になってきていると感じます。私は自動車教習所の代表ですが、うちの教習所に入所する若者は年間2500人なのに対して、認知機能検査を受けに来る高齢者は年間3000人であり、これはどう考えてもアンバランスです。しかも、認知機能検査を受けに来たのに、そのことを途中で忘れてどこかに消えてしまう高齢者が毎日1人は必ずいます。そうなると、スタッフ全員で大捜索します。高齢者の運転免許の問題を国はもっと真剣に検討すべきだと思います。

川端先生のことで、今までいちばん驚いたのは、2017年に大阪城のだんじりを見に行ったときです。完全アウェーに乗り込むのに、川端先生はわざわざ上之町の法被を着ていって、だんじり認知症サポーターの啓発チラシを配り始めました。これは阪神ファンの中に巨人ファンが一人紛れ込むようなもので、喧嘩を売ってると思われても仕方がない。あわてて止めて、大阪城全体を取り仕切っている元締めを見つけて、まずそこから話を通すことにしました。一触即発の危ない場面でしたが、先生はクールな顔。クールな顔して熱量がすごいから、結局みんな、先生の熱意に巻き込まれてサポーターになってしまうんじゃないかな。

私自身、認知症サポーターになって変わったことは、実はそれほどありません。だから、せめていつもはオレンジリングを付けるようにしています。それが市民の皆さんへの啓発になっていればうれしいです。

**●ここ5年の間に、街でオレンジリングを見かける機会が増えた気がします**

元FMいずみおおつ　パーソナリティー　笹井菜摘さん

川端先生と5年間、FMいずみおおつのラジオ番組「Dr．トオルの認知症カフェ」でご一緒させていただきました。認知症だった祖父の話を祖母からいろいろ聞いていたので、認知症って突然人が変わる怖い病気なんだとずっと誤解していました。でも、川端先生に中核症状や行動・心理症状など、認知症についていろいろ詳しくお話をうかがってからは、認知症は誰でもなり得る病気であり、怖いことなんて全然ないんだと理解しました。私がもう少し早く認知症について勉強していれば、晩年の祖父ともっと仲良くなれたかもしれないのに、と、今少し後悔しています。

川端先生は、だんじり認知症サポーターを一人でも多く養成したいと、普段から本当にがんばっていらっしゃるので、その姿を見ると思わず、何かお手伝いできることはないかと考えてしまいます。川端先生がだんじり関係者にオレンジリングの輪を広げていかれたのも、「先生のために何かしてあげたい」と思った人がそれだけたくさんいたのだと思います。泉大津の街を歩いていても、この5年間でオレンジリングを付けている人は確かに増えました。

私もご縁があって認知症サポーターになり、さらに勉強してキャラバン・メイトの資格も取りました。番組はもう終わってしまいましたが、今後は個人として認知症の人に何ができるのか、一生懸命考えていきたいと思います。

●道に迷ってしまったお年寄りを何人も自宅まで送りました

オートバイ販売　依田大蔵さん

オートバイと自転車の販売業を営んでいるので、配達のないときはほぼ一日中、道路に面した作業場でバイクや自転車をいじっています。目の前はけっこう大きな幹線道路なんですが、時々、目の前の道路をふらふら歩いているお年寄りを見かけます。

先日も、70代前半くらいの男性が、店の前を行ったり来たりしていました。認知症サポーター養成講座を受けていたので、この人はちょっと怪しいぞと思い、とりあえず、「おっちゃん、どこ行くの?」と声をかけてみると、案の定、「ボク、帰る道が分からないんです」との答え。いよいよこれは何とかしなければいけないと思いました。ふらふら車道に飛び出したりしたら、大事故につながります。何か身元の分かるものを持っていないか確認したところ、住所・氏名の書かれたカードが胸ポケットに入っていました。住所はここから10キロメートル以上離れた岸和田市内で、そこに電話番号が書いてあればまず電話してみるのですが、あいにく電話番号はありません。そこで仕方なく、自動車に乗せてその男性を自宅まで送り届けました。

店舗が幹線道路沿いにあるせいか、そうやって迷子になったり一人歩きしていたりするお年寄りを何人も助けました。昔からそういう経験が多かったので、10年前、川端先生から認知症サポーター養成講座の話を聞いたときは、自分もぜひ受けたいと思いました。道端で途方にくれているお年寄りを見かけても、いつも声がけをしていたわけではないからです。時には声をかけようかどうしようか私が迷っているうちに、いつのまにか姿が見えなくなることもあったからです。今ではお年寄りへの声のかけ方をマスターしたので、困っているお年寄りに、すぐに声をかけることができます。

認知症サポーター養成講座のようなものがあれば、一度受けてみたいと以前から思っていました。この講座は本当に役に立つし、今の若い子らにもぜひ受けてほしい。この10年間で、この養成講座の必要性はますます高くなったと感じています。

●認知症に対する知識と理解は10年前より確実に深まっています

泉大津市　地域包括支援センター　保健師　曽我智子さん

普段は認知症初期集中支援チームの保健師として、認知症の人の緊急サポートを担当しています。認知症サポーター養成講座ではキャラバン・メイトとして、受講する市民の皆さんへの講師を務めています。

この10年間で、泉大津市民の皆さんの認知症に対する知識も理解も、とても深まっていると感じます。養成講座だけでなく、ステップアップ講座、映画会、ＲＵＮ伴など、さまざまな認知症啓発イベントに関わっていますが、イベント後に書いていただくアンケートの内容も、10年前と比べて明らかにレベルアップしています。専門用語をごく普通に使いこなしているし、「道に迷っていそうなお年寄りに声をかけて、近くの交番まで一緒に行きました」など、報告していただくサポートの内容も具体的かつ行動的になっています。単に知識や理解を深めるだけでなく、行動力や対応力も着実に身につけているようです。

最近話を聞かせてくれたあるサポーターの人はゴミ収集の仕事をしているのですが、講座を受講してからは、「このおばあさん、最近はゴミの分別がきちんとできていないけど、もしかしたら認知症かも」と思い、「ゴミ出しで分からないことがあったら、いつでも聞いてくださいね」と、声がけできるようになったそうです。

また、認知症の人や、認知症の疑いのある人も、10年前に比べて医療につながりやすくなったと感じています。10年前は「認知症かも……」なんて世間体を気にして言えなかった人も、今では「認知症は誰でも発症し得る普通の病気」という認識が広まっていますから、本人も家族も医療を受けることに抵抗がなくなったのでしょう。泉大津市では2022年から無料の「もの忘れ検診」が始まり、「最近もの忘れが多いから、ちょっと検診受けてくるわ」「ああ、行っといたほうが良いね」と家族で気軽に言い合えるようになったのは、早期発見につながるとても良い流れだと思います。

この10年間の変化でもう一つ気づいたことは、企業や店舗で認知症サポーター養成講座を受けてくれる人が増えたことです。私の知っている限りでは、銀行、郵便局、JAなど、職場単位で講座を受講するケースが目立ちます。しかも、そこで得た知識を仕事にしっかり活かしています。先日も、ある郵便局から、「通帳を何度も紛失するお客様がいるのですが……」と連絡をもらいました。確認してみると、やはりそのお客さんは初期の認知症でした。このように、お年寄りが必然的に関わる業種で認知症を理解する人が増えていけば、やはり早期発見・早期診断につながりやすいので、私としては大歓迎です。

だんじり認知症サポーターの人を見ていると、この人たちはこれから年を取って認知症になっても、いつまでも好きなことを共有できて、サポートもしてくれる仲間に恵まれているんだなと、うらやましく思います。認知症になって好きなことができなくなる高齢者は多いのですが、だんじり認知症サポーターはみんな認知症のことをよく理解しているので、仲間たちに支えられながら、きっと最後まで好きなことを続けられるに違いありません。

関係者各位が語ってくれたように、この10年間で泉大津市は「認知症になっても暮らしやすい街」へと大きく前進しました。その原動力となったのが、〝だんじりパワー〟です。だんじりメンバーたちの、江戸時代から300年以上続く泉大津だんじり祭への熱い思いと、「わが街の認知症の人たちをなんとかしなければ」との思いがリンクしたとき、爆発的なパワーが生まれたのだと思います。10年前、「みんなで認知症サポーターになろう!」という私の呼びかけに快く応じてくれた最初期のメンバーたちは、実は現在もずっと私の周りでサポートし続けてくれています。本当に感謝の気持ちでいっぱいです。

だんじり認知症サポーターから始まった私の地域活動は、泉大津から他市にじわじわと広がっています。

大好きな祭りから広がったことは私の大きな力となりました。

## 朝日新聞「なかまぁる」カメラマン・コスガ聡一さんとの出会い

これまで泉大津の市外にも「だんじり認知症サポーターの輪」の情報を発信していると、全国紙のアンテナにも引っかかるようで、これまでにマスメディアの取材を何度も受けました。2015年毎日新聞、2016年読売新聞、2017年朝日新聞、2019年産経新聞……。

中でも強く印象に残っているのが、朝日新聞の認知症情報サイト「なかまぁる」のカメラマンのコスガ聡一さんです。

私がだんじりメンバーとして所属している泉大津市の上之町が80年ぶりにだんじりを新調した2019年5月、だんじりの入魂式とお披露目曳行の様子をコスガさんに取材&撮影してもらうことになったのです。この時点で、私たち上之町のだんじり認知症サポーターも総勢300人を超えたので、各団体の集合写真も含めたくさんの記念写真を撮ってもらいました。

新調だんじりのお披露目曳行を取材したコスガさんは、「なかまぁる」に次のようなすてきな取材記事を書いてくれました。

青年団の若者たちに写真を撮らせてほしいとお願いすると、みなさんリング(注:オレンジリングのこと)を掲げてこころよく撮影に応じてくれます。彼らが「だんじり認知症サポーター」として、その理念を自分たちの誇りにまで高めている様子が感じられました。

祭礼は世代を超えて人々の結束を強めます。若者たちにとっては、学校や職場では得られない経験を積み、地域の一員になっていく機会になります。「だんじり認知症サポーター」とは、祭礼のそうした側面に、認知症啓発の機会を組み込んだ妙手といえるでしょう。

日本全国には、だんじり以外にもさまざまな祭礼や伝統行事があります。「だんじり認知症サポーター」のアイディアが、各地の取り組みにも広がっていくとき、日本の認知症啓発活動は新しい段階に入るかもしれないという予感がします。

彼は、私がこれから言おうとしていることを、私に代わってすでに語ってくれていたのです。

その後、コスガさんには2019年の9月のだんじり講演会（だんじり祭と認知症支援）、10月の祭礼本番、2020年、FMいずみおおつラジオ番組「Dr．トオルの認知症カフェ」にも、〝認知症カフェつながり〟ということでゲスト出演してくれました。この泉大津に計4回取材に来ていただいたことになります。これらの取材の様子の一部は、いまでも「なかまぁる」のサイト内で公開されています。

［第5章］

# 正しい知識や理解を広めることで〝認知症バリアフリーの街〟は実現できる

## 全国でも広がる認知症サポーターによる取り組み

認知症サポーターの増加によって変化の起こった街は泉大津市のほかにもたくさんあります。代表的な例として次の都市があります。

●愛知県名古屋市

市内でも有数の商店街を擁する都市部の特徴を活かした認知症サポーターの活動が行われています。この取り組みでは、認知症バリアフリーの実現に向けて、地域包括支援センター、行政、キャラバン・メイト、住民サポーター、商店街サポーター、学生サポーター、当事者といった多彩な立場からの参加者が協力しています。特に、商店街向けのサポーター講座の開催をはじめとする、見守り活動や啓発イベントを通じて、課題の共有や協力体制を構築しています。

具体的な取り組みとしてスマートフォンアプリを活用した「まちぶらオレンジマップ」の作成があげられます。このマップには地域の社会資源の情報が一括して登録され、認知症サポーター協力店の増加を含む、さらなる活用方法の充実を目指して進化を続けているプロジェクトです。

●福岡県福岡市

医療・介護の専門性を有するキャラバン・メイトがさらに研修を受けて「認知症ライフサポートワーカー」として活動を行っています。彼らは、多様な組織と連携し、認知症の有無にかかわらず、誰もが暮らしやすい地域づくりを目指しています。また、それを支える情報発信の場も設けており、地域全体の取り組みを促進しています。

さらに、若い世代である大学生も巻き込み、新しい情報発信ツール（ウェブサイトやSNSの活用など）の開発に取り組んでいます。若者ならではの自由な発想を取り入れつつ、社会情勢に即した地域づくりの新しい方向性を模索しています。このような革新的なアプローチにより、地域全体がより住みやすい環境へと進化していくことを目指しています。

このように日本各地で認知症サポーターによる取り組みが行われています。認知症サポーターとしての登録はスタート地点にすぎません。重要なのは、その後どのように具体的に行動に移すかです。自分の立場や能力を活かして、地域社会での認知症理解の向上やサポートの充実に積極的に取り組む姿勢が大切です。例えば、日常的な支援、情報提供、啓発活動の実施、地域イベントの企画など、自分にできることから始めるのです。

小さな一歩が集まって大きな変化を生み出し、認知症の人々がより快適に暮らせる環境を整えることにつながります。認知症サポーター一人ひとりの積極的な関与が、地域全体の認知症バリアフリーを実現する鍵となるのです。

## だんじりサポーターの輪、羽曳野市、大阪市鶴見区にも広がる

2011年、泉大津市の認知症サポート医に任命された私は、この4月で認知症サポート歴14年目の春を迎えます。この間、私がずっと考え続けてきたのは、どうすればこの泉大津を自分の理想とする「認知症になっても暮らしやすい街」に近づけられるのかでした。

認知症になっても暮らしやすい街は、認知症の人々が安全で快適に暮らせるように、地域全体で支援と理解を促進するための環境や施策の整備が必要です。認知症の人々に対する物理的、社会的障壁が取り除かれ、彼らが地域社会の一員として活動できる、そんな街です。認知症以外のさまざまなハンディキャップを負っている人も、そしてもちろん健常者にとっても、幸せに暮らしていける街に違いありません。

そのための一つの手段が認知症サポーターの増加でした。私自身はこの13年間、脳神経内科医であり認知症サポート医でもある自分の職分を全うしつつ、子どもの頃から慣れ親しんできた〝だんじり〟のコミュニティを活用して、「認知症サポーター＝認知症の良き理解者であり応援者」を一人でも多く増やすことを目指してきました。

しかし、だんじり認知症サポーターの養成がある程度軌道に乗り始めた頃から、考え方が少し変わりました。「認知症になっても暮らしやすい街が泉大津だけでいいのか」という思いが生まれたのです。

転機は、外部からもたらされました。２０１７年、大阪府南東部の南河内地方にある羽曳野市のだんじり関係者から、「だんじり認知症サポーターについて、いろいろ教えてほしい」と、私に連絡が来たのです。

羽曳野市古市南町

2015年にRUN伴関係者から連絡をもらったときは、うれしいというよりびっくりしましたが、羽曳野市からだんじりつながりで連絡をもらったときは、素直にうれしかったです。そして、私は泉大津市の取り組みを伝え、認知症サポーター関連やRUN伴関連など渡せる資料はすべて渡して、「ご健闘を祈ります」とエールを送りました。

数日後、羽曳野市からまたまたうれしい連絡がありました。羽曳野市でも、だんじり認知症サポーターの養成に力を入れることになったので、「ついては、だんじり認知症サポーターという名称を羽曳野市でも使わせてもらっていいか」と打診されたのです。羽曳野市の担当者

**大阪市鶴見区諸口だんじり認知症サポーターと**

は、語呂が良く歯切れも良いと言ってくれました。もちろん、この名称は商標登録しているわけでもなければ、著作権を主張しているわけでもないので、「いいですよ」と二つ返事でOKしました。

こうして2018年以降、大阪府羽曳野市でも手首にオレンジリングを付けただんじり認知症サポーターが羽曳野のだんじり祭で躍動することになりました。

また大阪市の鶴見区にもだんじり認知症サポーターの輪が拡がりました。2018年8月、90人のだんじり関係者がオレンジリングを着けて祭りに参加したのです。特に中心になって広げてくれたのは、諸口だんじり保存会の岡崎恭弘氏です。岡崎氏とはFacebookでつながりメッセンジャーで情報交換をさせていただきました。2019年は私が諸口だんじり祭にご招待いただくなど交流を続けています。

## だんじり関係者が認知症サポーターになることのメリット

羽曳野市でも「だんじり認知症サポーター」が誕生したことは、泉大津市のだんじり認知症サポーター全員に勇気と自信を与えました。自分たちの試みを理解し、賛同し、まねしてくれる自治体が現れたということは、自分たちの活動が間違っていなかったという証しになるからです。中でも、とりわけ喜んでいたのは私自身でした。なにしろ、「認知症サポーター」と「だんじり」を結びつけた自分の着想にお墨付きをもらったようなものです。

そもそも、私が「だんじりコミュニティの活用」が「認知症サポーターの増員」に有効だと考えた理由は次の5つです。

1つ目は団結心が強い点、2つ目に幅広い世代で構成されている点、さらに3つ目は

200～300人と最適な人数で構成されている点、4つ目は一年を通じて定期的にミーティングする機会がある点、最後に自分たちの街を愛している点です。

そしてだんじり関係者が認知症サポーターになることのメリットとして挙げるのは次の4つです。

① 毎年祭りが近づけば、祭りの意識の高まりと同時に、「オレンジリング」すなわち認知症サポーターの啓発の気持ちが再認識される

② 若い青年団から相談役の高齢者まで、一度に非常に多くのサポーターが誕生し、毎年、新しく入団した青年団がサポーターとなるため世代を越えた継続性が保てる

③ 祭りは市の最大のイベントのため、市民全体に対する啓発のアピール力が絶大であり、市内のほかの団体、自治会や住民に認知症サポーターの養成を広げる原動力となる

④ 地域に根付いた人の絆が強く、認知症初期集中支援や地域包括ケアの支援に直接的に

かかわれる

②、③は認知症サポーターの普及・啓発につながります。④は町家社会での人のつながりの包囲網を張ることで、地域で見守りができます。例えば花寄せ（寄付集め）の時など、一軒一軒、独居の高齢者宅の様子の確認ができます。「一人にならない、一人にさせない」を目的として、地域で見守る活動を行うこととなります。

だんじりサポーターは、祭りの当日までの間にも、だんじりについて話し合いを重ねます。心底打ち込んでいる祭りについての話し合いは楽しいものです。そして本番はだんじりについて長距離を一緒に歩き、走るため、常日頃から足腰が衰えないように走り込んでおかねばなりません。これらだんじりへのかかわり方は、認知症に対する「回想療法」「音楽療法」「有酸素運動」となり、認知症の早期発見、発症・進行予防となるともいえるのです。

活動の展開としては、地域包括ケアシステムの「互助」「共助」の役割を担うことができます。だんじり関係者のつながりは元々、台風や震災など災害時にはマンパワーとして実際に機能しており、地域包括ケアシステムの支援体制を発揮する力が備わっているのです。

## 各地のだんじり祭で認知症サポーターが誕生

「だんじり」と「認知症サポーター」、この一見まるで関係のなさそうな2つの言葉を掛け合わせたとき、とてつもなく大きなパワーが生まれます。その事実に、泉大津市在住の私が最初に気づき、さらに羽曳野市の有志の皆さんが気づいたわけです。

ここから、私にはさらに大きな展開が見えてきました。というのも、関西地方、特に大阪府と兵庫県においては、泉大津市や羽曳野市以外でも、多くの市町村で「だんじり祭」が行われているからです。

そこで私は、自分から動いてほかの自治体にも「だんじり認知症サポーター」の輪を広げようと思い、友人・知人がいる場合にはそのルートを通じて働きかけを行いました。

2018年から5年間、FMいずみおおつでラジオ番組を持っていた関係で岸和田市のコミュニティFMの番組に出演して、「目指せ！　だんじり認知症サポーター！」と呼びかけを何度か行ったこともあります。

その結果、大阪市鶴見区、和泉市、岸和田市、高石市、忠岡町では、だんじりメンバーが町単位で認知症サポーター養成講座を受講してくれることになり、2018年に大阪市鶴見区、和泉市、岸和田市で、2019年には高石市、忠岡町で新たにだんじり認知症サポーターが誕生することになったのです。これらの自治体では、だんじり関係者だけで合計2000人以上の認知症サポーターが増えたと聞いています。

## 「祭り」を創ろう

祭りと認知症支援について、これまで詳細にまとめられた書籍や取り上げられた資料は多くありません。「祭り」と少子高齢化、認知症を支える「地域包括ケアシステム」や「共生社会」について、ジャーナリストで認知症の人や家族の支援、施策に詳しい町永俊雄さんは認知症フォーラム.comの自身のコラム、「『祭り』を創ろう」の中で、興味深いことを述べています。

「少子高齢化社会で高齢者や認知症の人が増え、生産年齢人口が少なくなる中、地域社会は如何にして持続可能な福祉、産業など地域創生へとつなげて行けばいいのか。高齢者が増えるということは認知症の人も増え続ける。あまりに重い現実に語り合う人々の眉間には深いシワが刻まれ、ため息だけで議論が進まない。

なぜか。そう、ここには心弾む『祭り』がない。

それなら、『祭り』を創ろう。自分たちの暮らす地域を舞台に、子どもから高齢者、認知症の人も誰もが参加でき、思い切り楽しくて笑顔が約束される、そんな『祭り』を創ろう」と町田さんは述べています。祭りは、「実際に開催するまでには実行委員会を立ち上げ何度も話し合いを重ねることが必要だ。祭りの準備は時間も手間もかかる。実はそれが地域を変える力につながっていく」と。

全国を縦断したRUN伴のタスキリレーの開催の発想や、和歌山県の「認とも～認知症と共に生きるまちづくり～」として多くの住民、ボランティアが参加した地域の「祭り」開催を例にとり、これらを現在の創造する「祭り」ととらえ、祭りのない地域文化で祭りを創ることで共生社会を実現しようとすることの意義について述べているのです。

認知症バリアフリーの街を実現するために、祭りを創り、あらゆる年齢層が集う、地域のコミュニティとする考え方です。関西のだんじり祭の文化は、元々、日本は古来祭りを行うことで、子どもから大人まであらゆる人々がつどい、世代を越えて伝え続けて現在に至ります。すでに祭りが盛んに行われている我々の地域は認知症高齢者と共生する社会が元々備わっている、恵まれた地域であると考えられるのです。ここの伝統文化を利用しない手はありません。日本全国、だんじり祭にかかわらず、多くの古くから伝わる祭りがあります。

「だんじり認知症サポーター」は「祇園祭認知症サポーター」「ねぶた認知症サポーター」「博多山笠認知症サポーター」であってもよいのです。現在創生されたイベントとしての祭りでも、伝統文化として神賑として祭りであってもその地域で根ざし、持続可能であれば、同じように地域文化や社会で機能するに違いありません。

私たちは、新型コロナウイルスパンデミックを経験し、祭りが数年開催できなかったことで、あらためて、だんじり祭の開催のための準備、予算、関わる祭り関係者の連携など、準備と安全で楽しい伝統文化の開催に向けて、いかに多くのエネルギーが地域で必要であるのか、これだけ大きいことを成し遂げることでいかに地域文化や経済が活性化されるのかあらためて気づかされました。これまで毎年行われていた祭りですが、祭り文化で地域創生を考え、分析してみると、そのポテンシャルの大きさ、無限の可能性について実感させられるに違いありません。

## だんじり認知症サポーターを増やすうえで心がけてきたこと

なお、だんじり認知症サポーターのアイディアを社会に広めていくうえで、私が常に心がけていたのは次の４点です。

### ①あらゆる機会をとらえて情報を発信する

超高齢化が進む日本では、認知症患者の急増が問題となり、その認知症患者を見守り支える存在として「認知症サポーター」が今、社会で求められています、また、私たちだんじりメンバーはだんじり祭を通して、認知症の人とその家族、そして認知症サポーターを応援しています。これらの活動について、私はあらゆる機会を通じて情報発信を心がけてきました。だんじりのさまざまな会合に顔を出すときには、必ず認知症サポーターの話をする、認知症サポーターになってくれそうな人がいれば、養成講座の受講を勧める、恥を忍んでFMラジオ番組のパーソナリティーを5年間務めたのも、ラジオを通して情報を発信したかったからです。実は、今こうしてこの本を書いているのも、そうした情報発信の一部なのです。

とはいえ、私一人では発信できる情報量には限界があります。そこで、認知症サポーターになってくれただんじりメンバーには、「認知症サポーターの象徴であるオレンジリングを日常的に付けていてほしい、特に祭りでだんじりを曳くときには絶対にお願い！」と訴え続けました。また、オレンジリングを付けただんじりメンバーを写真に撮り、それをSNSで積極的に公開しました。2017年には、私たち泉大津のだんじり認知症サポーターのホームページを開設し、そこでもだんじり祭の写真や情報をできるだけ数多く公開するようにしました。特に今の時代、ホームページとSNSによる情報公開は必須といえます。

## ②どんなコラボレーションでも受け入れる

心がけてきたもう一つのことは、どんなコラボレーションでも受け入れるということです。インターネットで情報公開していると、それを見たさまざまな人からコメントが寄せられます。それらのコメントにはできるだけ好意的な返答をしてきたし、「一緒に何かやりましょう」と誘われれば、積極的にお誘いに乗ってきました。「RUN伴」とコラボできたのもそのおかげだし、羽曳野市をはじめほかの街のだんじり関係者と知り合えたのも、とにかくオープンマインドで接した賜物《たまもの》だと考えています。とにかく、私にできることであれば、時間と体力の許す限り協力は惜しまず、メディアの取材も一度も断りませんでした。

## ③だんじり認知症サポーターの活動を楽しむ

私がだんじり認知症サポーターの養成に取り組んでいるのは、ほとんど趣味のようなものです。この活動による報酬は一切発生していないし、逆にほぼ100％持ち出しです。それでも10年以上この活動を続けてこられているのは、私のライフワークである「だんじり」と関わっているからであり、それがだんじりに関係していることであれば、どんなに忙しいときでも、疲れているときでも、「やってやろう！」という気持ちになれるからです。もしこの活動が「仕事」だったり「義務」だったりしたら、10年も続けてこられませんでした。活動を楽しむこと、これが大切です。

## ④常に継続性を考える

もしかすると、いちばん難しいのは、この「継続すること」かもしれません。実は、これまで10年に及ぶだんじり認知症サポーターの歴史を振り返ってみると、その活動にはけっこう浮き沈みがありました。だんじり祭の前後には、私たちだんじり認知症サポーターも市民の人々も「みんなで認知症の人を応援しよう！」と盛り上がるのに、祭りが終わってしばらく経つと、火が消えたみたいに情熱が冷めてしまうことや、いつしかだんじりメンバーもオレンジリングを身につけなくなり、「認知症サポーター？ それ、なんだっけ？」みたいな空気が漂うこともありました。そのたびに、情熱に再点火するのが私の役目で、会合でみんなにハッパをかけたり、ラジオ番組で市民の皆さんに必死に呼びかけたりしました。この課題については、実は今もまだ正解が見つかっておらず、日々いろいろなことを試し続けています。

## 地域や世代を越えて祭り文化でつながるオレンジリング

今日、地域の人間関係が希薄化しコロナ禍でさらに寸断された日本本来の町家社会の人と人の組織の絆が、私の町ではだんじり祭を通して脈々と残っています。だんじり文化は世代を越えて人々の結束を強め、地域のコミュニティの中心となっています。一年を通じて寄り合いなどで集まる組織は、災害時や地域包括ケアシステムの一役を担います。「だんじり認知症サポーター」とは、祭りのそうした側面に認知症啓発や支援の機会を組み込んでいます。

「だんじり認知症サポーターの輪」の「輪」を付けた意図は、個々のだんじり関係者の認知症サポーターが自町での仲間同士の絆として、また、だんじりの町と町の壁を越え、各神社ごとの祭りや市などの自治体や地域性を越えて同じ一つの志を持っていることを意識してもらうため、また緩やかなつながりとしての意味を込めて「輪」としています。

FaceBookを2017年4月から立ち上げ、8月から「だんじり認知症サポーターの輪」のホームページを公開しています。だんじり認知症サポーターのオレンジリングの輪が、地域を越え、また親から子、子から孫へと、だんじりの伝統文化の継承と同じように世代を越えて伝わることを願っています。

未来に向けて、新しい世代が継承していく、だんじり祭の力は計り知れない可能性を秘めていると考えています。

だんじり認知症サポーターの輪は地域性を越えてつながる。また地域のバリアや段差、垣根を底からつなげる役割を果たす能力があります。この秘めた能力をどのように引き出し実践していくか、こういった話ができること自体が、以前は思いも浮かばなかったに違いありません。

祭りには「静」と「動」の二面があり、神に向かうのが静で人に向かうのが動です。コロナ禍、だんじり祭が中止と決まる中、我々だんじり関係者は、あらためてだんじり祭には本来2つの要素が古来続いていることを認識しました。祭りが中止と決まっても神事は中止とはならず、神賑行事であるだんじり（地車）曳行が中止となったという意味であり、ここに伝統文化である「祭り」とフェスティバルやイベントとしての「祭り」との違いがあらためて浮き彫りにされました。

フェスティバルやイベントとしての祭りも、地域のコミュニティでの市民の文化や経済が反映されて回を重ねていきますが、経済や環境の変化で容易に断ち切れて消失することも少なくありません。

祭り文化のある地域ではだんじりが自然に地域のコミュニティの中心にあり、そこから枝葉が広がり、形を変えてさまざまなイベントに派生し、つながります。子ども祭り、盆踊り大会、春祭りなどもそのひとつです。本来の人や民衆が動く神賑行事としての祭りは人の心に、魂に宿り、そこには継続する力、連携する力、次世代に伝えていく力が宿ります。ここに認知症サポーター支援を組み込んでいくことに、深い意味があり、次世代に無限に広がる力があることを理解してもらいたいのです。そのように伝えていく使命が私にはあると考えています。

## これからの活動について

今年2024年9月、だんじり認知症サポーターが私たちの社会に誕生して10周年になります。この10年間で、だんじり認知症サポーターになった人はおよそ２５００人で、その２５００人のそれぞれが、これまでは独自に認知症の人の見守り活動を続けてきましたが、チームとして具体的な活動にまでは踏み込めていませんでした。認知症サポーターになることは地域社会での認知症に対する理解と支援の第一歩ですが、これだけでは十分ではありません。認知症バリアフリーの街を実現するためには、サポーターがそれぞれ積極的に活動し、具体的な行動を取ることが求められます。

そこでだんじり認知症サポーターの中でも志の高い12人に声をかけ、私とともに認知症サポーターステップアップ研修を２度受講してもらい、総勢13人による「だんじりチームオレンジ」を結成しました。

だんじりチームオレンジは全国で活躍している認知症サポーターの実働部隊で、認知症カフェの運営や認知症の人の生活支援など、それぞれの地域のニーズと実情に合った活動をしています。私たち「だんじりチームオレンジ」としては、地域包括支援センターやケアマネージャー、認知症の人の家族と相談しながら、認知症の人の話し相手になったり、散歩や買い物の付き添いをしたりするなど、具体的な活動を進めていきます。その活動を通して知ったこと、体験したことについては、ＳＮＳなどあらゆる機会を通じて情報発信していきたいと考えています。これにより認知症サポーターとしてどのような活動ができるのか、サポーターの人々の具体的な手本となるためです。

また新たな情報発信のツールとして、１年２カ月ぶりにインターネット放送局ＩＣＯＲＡでレギュラー番組を持つことになりました。内容は、認知症に関する啓発をはじめ、広く医療やだんじりに関する事柄などを紹介します。またここから認知症を深く知り、サポーターとして地域に関わる人が増えることを心から願っています。

## 地域包括ケアシステムからみる泉大津市の未来

だんじり祭の文化が地域社会で大きなウエイトを占める泉州地域では、だんじり文化で地域包括ケアに臨むことが、スタート時から意味のある体制づくりであると考えていました。

この10年間で、本当に市民の方々が参加するイベントが増え、毎週末には何かイベントがあり、一日で複数重なることも珍しくはありません。

これはひとえに、現泉大津市長の南出賢一氏のリーダーシップに負うところにあると考えていますし、同じように思っている市民の方も多いと思います。南出市長のアクティブで類まれな行動力を支え、賛同しこれについて行く多くの市民のエネルギーがこの泉大津市にもたらされた大きな変化なのです。この大きな変化こそが、10年前、だんじり祭と認知症支援を結びつけた結果であるとはとても言えませんが、何らかの影響を与えた可能性は否定できないと思っています。

地域包括ケアシステムの実働によるアウトカムの評価方法については、世界共通の具体的な評価法がないことなどから単純には難しいといわれています（2019年　筒井孝子著『地域包括ケアシステムの深化』より）。

私は地域包括ケアシステムはその立場により見え方が変わると考えています。国から見た立場、行政や保健所から見た立場、医療・介護から見た立場、地域住民や自治組織から見た立場、それぞれ見え方は違うと思いますが、どの立場にいてもシステムの実働は重要です。

認知症の人や家族が住み慣れた地域でできるだけ一緒に生活できる街は、認知症以外の子どもから高齢者まで、誰にとっても住みやすい地域です。

現在、各地の地域包括ケアシステムで健康寿命を延ばすさまざまな取り組みが多くの自治体でされており、健康スポーツ、イベント行事、祭り等、地域参加の多いところほど認知症やうつや骨折、寝たきりのリスクが低いことがデータで示されています（厚生労働省老健局・保健局「日本老年学的評価研究」）。

だんじり文化は正に地域で最大の人々を結びつける古来の伝統文化です。だんじり認知症サポーターはそうした地域の結びつきを強く結束した団体なのです。オレンジリングの輪は次世代、次々世代へと無限大につながっていきます。

地域包括ケアシステムのアウトカムが数値評価しにくいのと同時に、だんじり認知症サポーターの輪も無限大に未来につながっていきます。

## 子から孫へと世代を越えて伝えていく

２０１４年からスタートした、だんじり認知症サポーターの輪の拡大、オレンジリングの輪で、日本古来の伝統文化の中で人と人がつながり、地域の認知症に対する意識を変革した結果、地域に何をもたらしたのか、数値で提示することは困難です。しかし地域社会にもたらした大きな可能性、世代を越えて伝えていく計り知れないポテンシャル、こういった見えない結果こそが、最大かつ無限大の数値であり結果なのかも知れません。

日本は世界で最も早く超高齢社会を迎えます。そんな日本の中で老若男女世代を越えたあらゆる年齢の人々がつながるだんじりコミュニティは、超高齢社会の縮図を経験しているのかもしれません。地域で認知症サポーターがごく自然な形で認知症の人、高齢者を支える社会が常に広がり、自然な形で機能していくものと考えられます。認知症高齢者のバリアフリーの街の実現社会が、祭り文化とともに生き続けるに違いありません。

子どもが認知症高齢者にそっと寄り添い、見守りながら歩く後ろ姿、ごく普通にこういった光景を街で見かけること、このことがだんじり認知症サポーターの輪の奇跡であり最大の結果であるのではないかと思っています。

認知症サポーターとなりぜひ、サポーター同士はもちろんのこと、何かの街のイベントにオレンジリングを手首に着けて参加しましょう。オレンジリングは社会とつながるための最初のツールとなり、もしご自身が認知症を発症した際は周囲の人への気づきとなります。認知症サポーターは、きっとそんなあなたを見守りサポートし地域社会につなぎとめてくれることでしょう。

この書籍の「はじめに」で冒頭の彼の発した「その輪っかつけてると、認知症になりにくいんけ!?」という言葉は〝オレンジリング＝認知症予防の効力?〟と、まんざらでもないと思っています。

この書籍の執筆を進めていた2024年5月8日、厚労省は65歳以上の高齢者がピークを迎える2040年に認知症患者が584万人、認知症予備軍とされる軽度認知障害（MCI）患者が613万人に上るとの推計結果を公表しました。当初の推計値から200万人程度減少に転じ、65歳以上の7人に1人が認知症となる見込みです。

国民の生活習慣病予防や治療の普及、日常的な運動など健康増進への意識の向上と、多くの人々のさまざまな社会的イベントへの参加が功を奏した結果であると考えています。ただ、認知症予備軍のMCIが認知症患者と同等数以上と推計されており、発症・進行予防や治療体制の強化は引き続き求められ、認知症の人とのバリアフリーの街の実現、すなわち「共生社会」をさらに確固たるステージに上げていかねばなりません。

「だんじり祭」と「認知症対策」。一見全く関係のないこの二つの言葉をつなげてみると、これは地域社会での新たなイノベーションとなり、地域創生の大きな原動力となっています。

２０１４年からスタートし10年間のだんじり認知症サポーターの輪の軌跡とこれに取り巻く地域のさまざまな活動へとつながる力。軌跡が奇跡を生んでいることが、多くの関係者やこの書物の読者に伝わると同時に、全国の祭り文化に関わる多くの人々に共感していただき、祭り文化で地域社会のイノベーションを体験していただけるなら、著者としてこのうえない喜びです。

## おわりに

一人でも多くの人に、認知症サポーターになってもらいたい——その思いで長年走り続けてきました。だんじりサポーターを養成して10年、認知症サポート医と任命されて14年になります。

ボランティアでどうしてそこまでやるのかと、ときどき聞かれます。どうしてだろう？と自分でも考えてみました。「自分の趣味であり、ライフワークでもある〝だんじりがらみ〟だから、ここまで楽しくやってこられました」。今までは、そう答えていました。しかし、振り返って考えてみると、私自身の医学生&研修医時代の体験が大きかったのではないかと気づきました。

私は滋賀医科大学医学部の出身です。大学時代はラグビー部で、医科系大学の中では、そこそこ強いほうでした。もしかすると、学業よりも部活動のほうに熱心だったかもしれません。ラグビー部に入部してまずたたき込まれるのは、「品位・情熱・結束・規律・尊重」というラグビー憲章で掲げる5つのコアバリューと、「一人はみんなのために、みんなは一人のために」と訳される、One for All, All for Oneというラグビー精神です。しかしこんなカッコいい言葉を当時は先輩諸氏から直接言葉で教えられたわけでも、自身でラグビー専門書を読んで理解したわけでもありません。ラグビー精神は当時学園ドラマ「スクールウォーズ」で言っていましたが、ハードな練習や身を挺してまで戦う試合、そしてチームの仲間意識の中で徐々に、これらの精神や憲章は自然と身についていました。チームが勝つためには、誰かが身を挺して相手に飛び込んでいかなければならない。そんな行動パターンを実地にたたき込まれているので、「誰もやらないなら、自分が何とかしないと」と、つい思ってしまいます。まして、私のポジションは背番号15番のフルバックでした。チームの最後尾に位置する、いわば〝最後の砦〟で、私の後ろには誰もいない。最終ラインの私が相手を止めなければ、得点されてしまう。だから試合中はいつも、決死の覚悟でガタイのいい相手選手にタックルを挑んでいました。

医師国家試験に合格して、研修医時代に選んだ自分の診療科は神経内科でした。今でいう脳神経内科です。実はこの診療科も、医療の世界では〝最後の砦〟と呼ばれるところでした。症状ははっきりあるのに、原因が分からない。そんな原因不明の病気や難病に罹患した人が最後に送り込まれるのが脳神経内科です。ここでたとえ診断が確定しなくても、患者さんを見捨てるわけにはいきません。対症療法（診断が確定せずとも症状に対する治療）からでも患者さんに向き合い医療を提供しないといけません。その結果、脳神経内科は原因不明の難病を数多く扱うことになります。パーキンソン病、筋萎縮性側索硬化症（ALS）、多発性硬化症、脊髄小脳変性症、進行性核上性麻痺……。私は大学病院や市中大病院の外来で最後の砦として、こうした多くの難病の患者さんと向き合ってきました。そうしたラグビー部や病院勤務時代の経験から、「自分がやらなくて誰がやる！」という思いに駆られるのかもしれません。

しかし今、本当にためになっているのは、実はチーム医療だと思っています。大学ラグビー部や大学病院等の勤務医時代に培われた仲間が協力して一つの事象に向かっていく、お互いがリスペクトし合い、多職種専門職の方々と協力して患者やご家族と一緒になって治療やケア、そして人生最後の看取りもしていきます。認知症の人を地域で見守り医療・介護を提供することや神経難病の方のご自宅に訪問診療することなど、今は医者が単独でできる仕事はほとんどないと言っても過言ではありません。地域包括ケアシステムのその地域での実働のためには多くの方々の力を結集して協力して前に進めていかねばなりません。

本文にも述べさせていただきましたが、私がだんじり関係者に認知症サポーターになってもらったのも、実は根底にはこのワンチームで共生社会を実現したいがためでありました。

この10年間を通じて街の認知症の啓発や支援の構築のために、サポート医としての役割を実行し、だんじり文化の中を歩んで来られたのは、ひとえに本当に多くの方々のご支援があったからにほかなりません。

2014年上之町で初めて、だんじり関係者に認知症サポーター養成講座を開催するにあたり、あうんの呼吸で協力してくれたのは、幼なじみの同級生でした。昭和37年生まれなので37会と言っています。上之町の藤原誠一様、工島栄史様は初の養成講座開催の相談を町の寄り合いで話す段階から、町内関係者の主要な方に水面下で私の意思を伝えて協力を依頼してくれていました。また私がだんじり認知症サポーター関連で何か新しい活動を起こす際には、その都度、相談もさせていただきました。だんじり講演会や養成講座などで行政等から後援名義をいただく際、主催団体はどこですかと問われるため、同級生の37会メンバーを半ば強制的に、「同志会」と銘打ってメンバーになってもらい、「だんじり認知症サポーターの輪同志会」を活動団体としました。実際、同志会メンバーはイベントの際、準備の段階から駆けつけて協力し手伝ってくれています。

初のだんじり関係者の認知症サポーター養成講座の開催に当たり当時、泉大津市役所高齢介護課部長の三井寛子様、同職員（上之町地車会の先輩）で行政とのパイプ役として協力していただいた本庄 正様に感謝しています。さらにオレンジリングを着けてだんじりを曳行し、そして市民の方々に向けて啓発を行い、全員でだんじりを囲んで200人の集合写真を撮りましたが、その後、市内でその写真を使って認知症についての広報活動や、翌年2015年には濱八町全町のだんじり認知症サポーターの集合写真8枚を、市の広報誌表紙のカラー版への掲載に際し、三井様には本当に良くサポートしていただきました。今振り返ると、このスタートからの2年間が本当に重要でしたので、ご支援に対してあらためて御礼いたします。

初回のサポーター養成講座の受講者を増やすために、養成講座のあとで、地車彫刻研究家（現上之町世話人）の花内友樹様に「摂河泉・地車彫刻師の系譜」の特別講演を行っていただきました。花内様は、『泉大津濱八町地車禮讃』を自費出版され、2011年に日本自費出版文化賞　特別賞を受賞されています。花内様はだんじり認知症サポーターの活動を、毎日新聞担当記者に初めてご紹介いただき取材と新聞掲載へとつなげていただきました。また、あまり詳しくない地車彫刻の世界の扉を私に開いていただきました。花内様はその後も、ずっと認知症サポーターの活動にご協力いただき、Ki-Yanこと木村英輝氏のだんじり屛風絵の曳き手に多くのオレンジリングを描くように木村氏に伝えてくれていました。そのご縁は次世代へと後世に伝わるテクスピア大阪大ホールの壁のだんじりと鯉の壁画にもオレンジリングを描いていただく流れとなりました。ＦＭいずみおおつの私の番組にも2度ご出演いただきました。だんじりチームオレンジの主要メンバーでもあります。いつも感謝しております。

泉大津濱八町だんじり祭の運営組織である祭礼役員会には、上之町から役員（会計担当）として２００９年〜２０１１年の３年間と、２０１６年〜２０２２年の７年間は、企画・広報委員会の中の特別枠として要請していただき、上之町から役員会に出席していました。認知症サポート医として認知症サポーターの養成と活動のためです。この当時、企画広報委員長（上之町から出向）をされていた、浦田義廣様にはこの件やＲＵＮ伴タスキリレーを濱八町全体で行う際にご尽力ならびにサポートを頂きました。またその後、祭礼委員会会長に就任された、磯　洋様（上之町）にもたくさんバックアップしていただきました。ありがとうございました。

２０１６年、祭礼委員会会長の大西正純様そして、それ以降の歴代祭礼委員会会長の方々そして、他の多くの役員の皆様にもたいへんお世話になりました。特に２０１６年度、安全委員長の中村卓二様には、私がだんじり認知症サポーター増員の活動に、「先生、焦ったらあかんで」と私のはやる気持ちに、絶えず声をかけていただきました。祭礼委員会役員の任期は２〜３年が多く、私が役員会に７年間在籍中、各町から祭礼委員会に役員として出向き、また任期を終えてそれぞれの自町での祭りに戻られる、この祭礼委員会役員や委員の入れ代わり立ち代わり（認知症サポーター）の祭礼とおのおの所属する町との循環は、だんじり祭関係者の認知症サポーターの活動やさらなる啓発支援にとって有効に機能していたのではないかと思います。本当に共感し協力していただいた、自町に帰っても私と会ったときには、「先生、オレンジリング着けているで」と腕をあげて声をかけてくれることも少なくありません。濱八町祭礼役員会の企画広報委員の立ち位置から、さらに泉大津十二町連合会は無論のこと、周辺の他市へのだんじり認知症サポーターの養成の発信源としてもたいへん役に立ち、本当に立ち位置の良いところで支援活動をさせていただきました。

ＦＭいずみおおつ、高寺　壽社長ほか役員の石原成昭様、林　哲二様、当時のパーソナリティーで番組に直接サポートいただいた松浪昌宏様、浅野誠治様に感謝申し上げます。そしてＤｒ．トオルの認知症カフェになくてはならない5年間の良きパートナー、笹井菜摘様には、私の一生の宝となる貴重な5年間を頂きました。本当にありがとうございました。

ＲＵＮ伴泉大津（ＲＵＮ伴泉大津ブリッジ）のメンバーとは、２０１４年の泉大津市発のＲＵＮ伴参加のときから２０２２年まで密に関わりを持ってきました。またその後も地域包括ケアの同志として一緒に地域で活動しています。地域包括支援センターの前所長（社会福祉協議会）の寺田幸二様のリーダーシップがあったからこそ、ここまで一緒になって認知症を取り巻く地域包括ケアを実践できたものと考えております。また同メンバーであった曽我智子様、村陰嘉高様、ケアマネージャーの各務幸彦様、田々美秀樹様、丸山喜弘様、山出 幸様、グループホーム我孫子の大坪裕子様、理学療法士の水野弘明様、ここでは書ききれませんが多くの方々のご支援をいただきました。

２０２２年、市制80周年記念だんじりパレードの開催と偉業達成にご尽力された、実行委員会会長の村田雅利様、運営委員長の武内和之様には、だんじりパレードを認知症サポーターのオレンジリングでいっぱいにしようとの私の意思に共感し多大なご支援をいただきました。ご協力いただき感謝しております。さらに武内様を始め若頭連合連絡協議会のメンバーの皆様にはだんじりパレード以来、２０２３年のだんじりサミットin泉大津のイベントの共催など市内のイベントに関わらせていただき、現在も「だんじり文化で地域のために」「だんじり文化を次世代へと継承していく」を合言葉に強力なタッグを組ませていただいております。なお、だんじりサミット会議はだんじりフェスタとして、

2024年度も7月に行う予定です。

だんじり認知症サポーターの2度の取材、FMいずみおおつDr．トオルの認知症カフェへの取材と番組出演、だんじり講演会（だんじり祭と認知症支援）の取材と4度も横浜から泉大津市にお越しいただいた、コスガ聡一様には本当にお世話になりました。「なかまある」サイトや人脈を使って全国レベルにご紹介いただきました。ありがとうございました。

2014年度からRUN伴南大阪で知り合い、現在もずっとご協力いただいている琴真由美様は、隣の岸和田市から泉大津市の認知症を取り巻く支援活動の変化をずっと見守っていてくれていたのだと思います。本当にありがとうございました。

2023年7月、だんじり認知症サポーター13人から成る「だんじりチームオレンジ」を立ち上げました。上之町地車会の現相談役の依田大蔵様（87ページの写真のいちばん前で、座ってオレンジリングをかざしている方）は、2014年9月の第1回、認知症サポーター養成講座（テクスピア大阪で開催）からのメンバーでチームオレンジのリーダー的存在の方です。本文内でもインタビューをさせていただきました。RUN伴にも

２０１５年の初回からすべて参加していただいています。上之町の大先輩でだんじり認知症サポーターの良き支援者です。下町の寺子屋的な地域にやさしいオープンなバイク店を経営されています。いつも大変感謝しています。チームオレンジのメンバーをあらためて振り返ると、10年前からの祭りのオレンジリングの写真やＲＵＮ伴リレーの写真にもたびたび写っていて、ずっと一緒に支援活動をしてくれていたことをあらためて実感いたしました。

だんじり認知症サポーターの10年間の軌跡を、多くの関係者の方々に共感していただき、協働で歩んできました。この書籍はこの軌跡を記録として残しておきたいとの思いから執筆し始めていました。1年半以上前に、だんじり認知症サポーターの活動がＳＮＳで幻冬舎メディアコンサルティングの方の目に留まり、医院のパソコンに書籍を出版しませんかとお誘いのメールが飛び込みました。正直なところ当初は全く無視をしていましたが、個人的に本を書きたいと思っていたタイミングでしたので、少しリモートでお話を聞いてみようと考えました。詳しく聞いているうちに、だんじり認知症サポーターを広げる新たなツールとして書籍を利用しようという想いが強くなってきました。

だんじり認知症サポーターは２０２４年6月現在、約２５４０人、大阪泉州地域を中心に9市区町村、50町以上に拡大しています。大阪泉州地域や大阪を含む関西一円のだんじり文化、さらには全国の主要な祭りから地域のあらゆる祭り文化に認知症サポーターを広げていただきたい、祭り文化で地域のイノベーションを実感していただけたらと思います。

そして書籍出版をするもう一つ大事な目的があります。それは私にとって最も大切な思いですが、多くのだんじり認知症サポーターにこの書籍を手に取って読み進めていただくことで、認知症サポーターとしてオレンジリングを着けてだんじりを曳行したことの深い重みを、自身の誇り（プライド）としてぜひ実感していただきたいです。この書籍が感謝の気持ちを込めてサポーターの皆様一人ひとりに還元できればありがたいと思います。

たいへん多くの方々に支えられて10年間歩んできました。

共感していただき、ご支援、ご助言いただいた多くの方々にあらためて感謝をいたします。

川端 徹（かわばた とおる）

1962年大阪府泉大津市生まれ。父は医師、母は薬剤師で、幼少期より父の仕事を見ていたことから医師を目指す。1988年に滋賀医科大学医学部を卒業し同大学第三内科へ入局。医学博士。1994年、国立療養所宇多野病院神経内科に勤務。その後、総合病院での勤務を経て、1999年滋賀医科大学第三内科助手となる。医学研究者に惹かれていたが、父の後を継がないといけないという思いはあった。2000年に長浜赤十字病院神経内科部長、2005年にベルランド総合病院神経内科部長を務め、2008年に父が他界したことを機に継承し川端医院を開設。大阪府からの要請ならびに泉大津市からのすすめで認知症サポート医の資格を2009年に取得。地域医療の充実のためには医療介護を含めた多職種の連携が必要であり、特に認知症ケアについては、地域包括ケアシステムの実践を目指す必要性があると気付き、2014年だんじり認知症サポーターの取り組みを開始。2015年RUN伴に参加、2018年から現在までラジオパーソナリティを務めるなどさまざまな活動を行う。現在、泉大津市医師会副会長、泉大津市医師会附属看護高等専修学校校長、大阪府内科医会理事を務める。

本書についての
ご意見・ご感想はコチラ

**だんじり認知症サポーターの軌跡**

二〇二四年七月二九日　第一刷発行

著　者　川端 徹
発行人　久保田貴幸
発行元　株式会社 幻冬舎メディアコンサルティング
〒一五一-〇〇五一　東京都渋谷区千駄ヶ谷四-九-七
電話　〇三-五四一一-六四四〇（編集）
発売元　株式会社 幻冬舎
〒一五一-〇〇五一　東京都渋谷区千駄ヶ谷四-九-七
電話　〇三-五四一一-六二二二（営業）
印刷・製本　中央精版印刷株式会社
装　丁　弓田和則

検印廃止

Printed in Japan　ISBN 978-4-344-94808-2 C0047
幻冬舎メディアコンサルティングHP　https://www.gentosha-mc.com/